집은 없어도
미국 주식은
사고 싶어

집은 없어도 미국 주식은 사고 싶어

초판 1쇄 인쇄 | 2020년 11월 16일
초판 1쇄 발행 | 2020년 11월 20일

지은이 | 남기성
펴낸이 | 박수길
펴낸곳 | (주)도서출판 미래지식
편 집 | 박진영
디자인 | 김경미

주 소 | 경기도 고양시 덕양구 통일로 140 삼송테크노밸리 A동 3층 333호
전 화 | 02-389-0152
팩 스 | 02-389-0156
홈페이지 | www.miraejisig.co.kr
전자우편 | miraejisig@naver.com
등록번호 | 제2018-000205호

ISBN 979-11-90107-85-3 (13320)

이 도서의 국립중앙도서관 출판예정도서목록(CIP)은 서지정보유통지원시스템 홈페이지(http://seoji.nl.go.kr)와
국가자료종합목록 구축시스템(http://kolis-net.nl.go.kr)에서 이용하실 수 있습니다.
(CIP제어번호: CIP2020041617)

미래지식은 좋은 원고와 책에 관한 빛나는 아이디어를 기다립니다.
이메일(miraejisig@naver.com)로 간단한 개요와 연락처 등을 보내주시면
정성으로 고견을 참고하겠습니다. 많은 응모 바랍니다.

— 미국 주식시장에 대한 투자 가이드 —

집은 없어도 미국 주식은 사고 싶어

남기성 지음

미래지식

【일러두기】

주식투자에 대한 수익이 모두 본인에게 귀속되듯이 손실도 본인의 책임이다.

2020년 3월 뉴욕대 루비니 교수는 코로나가 중국에 국한되고 L자형 경기침체가 올 것이라고 예견했다. 모든 사람이 거품이라고 말했던 나스닥은 2020년 9월 3일 12,000선을 넘었다.

바로 다음 날인 9월 4일(한국은 9월 3일) 도이치방크는 애플에 대해 '매수' 의견을 제시하고 목표주가를 140달러로, JP모건체이스는 '비중 확대'로 목표주가는 150달러를 제시했다. 하지만 애플의 주가는 -8% 폭락하고 9월 5일 장 초반에도 -8% 또 다시 폭락한 후 +로 마감했다. 137.98달러에서 120.96달러까지 오는 데 이틀밖에 걸리지 않았다.

도이치방크와 JP모건체이스의 의견을 보자마자 매수한 사람은 1억 원을 투자했다면 이틀 만에 8,700만 원으로 줄었고 일시적이지만 9월 5일 장 초반 8,000만 원까지 약 20%가 순식간에 사라진 경험을 했을 것이다.

세계에서 가장 가치있는 주식도 이렇게 이틀 만에 20%의 손실이 나는 곳이 주식시장이다.

모든 투자에 대한 판단과 책임은 본인에게 있음을 일러둔다.

| 미국 주식시장에 대한 투자 가이드 |

- 2020년 3월 폭락장과 급등한 주식시장의 변화를 이해하고 향후 투자를 계획한다.

- 나스닥과 S&P500 선물 투자

- 10억 원 수익이 났는데 5억 원이 세금

- 모르면 당하는 수익의 절반은 세금

- 주식도 직구하자, SPY, QQQ.

- 나는 아마존, 테슬라, 애플 주식만 산다.

- 루이뷔통, 에르메스에 적금 붓는 방법

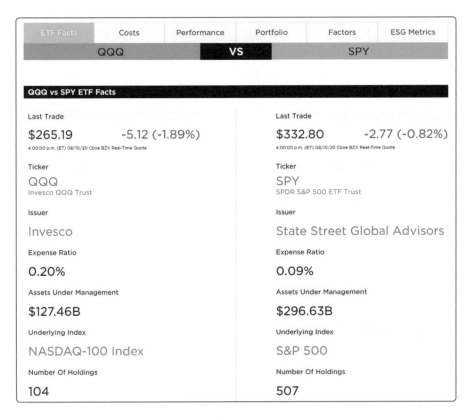

사진 출처: etf.com

머리말

    2020년 3월 16일 다우지수는 -12.93%, 나스닥은 -12.32% 폭락했다. 미국 선물시장의 흐름에 따라 그나마 버티던 코스피는 3월 19일 -8.39% 빠지면서 1,482포인트를 바닥으로 3개월 이상 '기다리는 조정은 안 오고' 나스닥, S&P500, 코스닥, 코스피는 직전 고점을 돌파하고 사상 최고가를 쓰고 있다.

    - 사우디 아람코, 폭락으로 거래 정지

    - 다우, 나스닥, S&P500 서킷브레이크(일시 거래정지), -7% 이상 수차례 폭락

    - 일본 토픽스 -5% 폭락

    - 엔화 3% 급등

    - 서부 텍사스유(WTI) -27% 폭락

    "강세장은 비관 속에서 태어나 회의 속에서 자라고 낙관 속에서 성숙해 행복감 속에 사라져간다"

    2002년 발간된 우라가미 구니오의 「주식시장 흐름 읽는 법」(한국경제신문사)에서 언급한 존 템플턴의 이 명언보다 2020년의 시장을 더 잘 표현한 말은 없는 것 같다.

뉴욕, 서울, 도쿄 등에서 들불처럼 번지는 코로나바이러스 때문에 전 세계 금융시장이 마비되어 한 번도 겪어보지 못한 금융위기가 올 거라는 비관 속에서 강세장은 시작되었다. 그리고 계속된 거품 논쟁과 조정 없는 상승장에서 트럼프의 텃밭인 선벨트(애리조나, 플로리다, 텍사스, 캘리포니아)의 코로나 확진자와 사망자 수는 7월 말까지도 줄어들 기미를 안 보였다. 증시가 회의와 의심을 먹어가며 무럭무럭 상승한 것이다. 이 기간 한국의 국민연금은 겨우 1조 원 순매수했고 많은 기관투자가들은 10년 만에 온 기회를 놓쳐버렸다.

개인투자자인 '개미'나 '동학개미'는 순전히 기관투자가들이 만든 말이다. 나는 투자에서 자신을 비하하고 성공한 사람을 보지 못했다. '파블로의 개'처럼 "수익을 내면 운이 좋아서, 손해를 보면 역시 나는 개미라서"라며 자신을 합리화할 것이다.

필립 짐바르도(Philip Zimbardo)의 '교도소 실험'(일반인에게 무작위로 죄수복과 경찰복을 입혔더니 스스로 제복에 맞게 행동함)에 등장하는 죄수처럼 행동하는 것이다. 스스로 자존감을 갖고 자신의 투자를 사업체 운영으로 생각하고 '개미'가 아닌 '개인투자자'라고 생각하고 정리하자.

애널리스트, 펀드 매니저 모두 자기 돈으로 주식에 투자하면 여러분처럼 긴장하고 두근거리며 금요일 미국 시장이 폭락하면 주말 내내 가족에게 화풀이할 것이 분명하다. 그들은 이 기간에 약 50조 원어치를 매수했고 아마존과 테슬라 등을 약 70조 원어치 매수했다.

미국도 '로빈후드'라는 개인투자자들이 빅테크(FANG(Facebook, Amazon, Netflix, Google) 최근에는 MANGA, FAANG+ 등 혁신기업들을 모아 투자하는 ETF가 많다. FANG+, 4차산업, ARKK 등), 아마존, 애플, 페이스북, 넷플릭스, 알파벳(구글)을 집중 매수했고 스포츠 경기가 열리지 않는 동안 스포츠 도박사들은 워런 버핏의 항공주 매도를 비웃으며 특정 주식을 대규모로 매매해 엄청난 이익을 본 것으로 알려졌다. 스포츠 도박사이트 '바스툴'의 창업자인 데이브 포트노이는 트위터에 하루 30만 달러의 수익을 공개해 수많은 팔로워가 그를 추종 매매했다.

중국도 다르지 않다. 이런 현상은 2008년 서브프라임 모기지 사태에서 시작된 금융위기가 유럽으로 전이되어 2012년 바닥을 찍고 거의 8년 이상 장기간 상승한 데 기인한다. 결국 지수는 원래 자리로 돌아가고 공포감에 바닥에서 주식을 매수한 사람들이 막대한 수익을 챙기는 것을 지켜만 보았다.

반면, 우리나라는 10년 동안 1,800~2,200포인트 박스권에 갇혀 있었는데 위기가 끝나면서도 삼성전자만 올랐다. 차화정(자동차, 화학, 정유), 화장품, 면세점, 아모레, LG생활건강, 호텔신라 등의 순환매가 있었지만 큰 중심은 삼성전자만 오른 것이었다. 개인투자자들은 큰 이익을 못 봐 이번 하락장이 끝나면 삼성전자만 상승할 것으로 예상해 가장 큰 매수세가 삼성전자에 집중되었다. 2012년 이후 삼성전자만 상승한 것은 반도체가 끌어주고 스마트폰 시장이 커지면서 모바일 사업이 밀어주었기 때문이다.

바닥에서 정신없이 매매하던 4월 14일, 아마존이 신입직원 7만 5천 명을 뽑는다는 뉴스가 개인투자자들의 인식을 바꾸어 놓았다.

셧다운 → 집콕 → 온라인 대박!

넷플릭스, 아마존, 네이버, 카카오, 게임주에 대한 대대적인 재평가가 시작되었다. 네이버와 카카오는 코로나와 상관없고 넷플릭스는 집콕 수혜주이고 온라인 교육, 화상 연결, 클라우드 등의 재택근무와 집콕 관련주들이 급등하기 시작했다.

물론 항공주, 여행주, 크루즈, 석유 관련주도 반등이 있었지만 코로나 사태 장기화에 따른 피해는 누구든지 예측할 수 있어 본격적인 회복까지는 시간이 걸릴 것이다. 진단 키트와 함께 백신 개발 소식이 전해지면서 바이오·헬스케어주는 작은 뉴스에도 쉽게 반응하면서 코스닥은 이미 6월에 직전 고점을 넘어 1,000포인트를 향해 달려가고 있다.

KODEX 코스닥150의 3월 19일 종가는 6,916원이고 7월 31일 종가는 12,720원이니 약 2배가 되었다. 그리고 KODEX 코스닥150 레버리지의 3월 19일 종가는 3,980원이고 7월 31일 종가는 12,140원이니 약 3배나 올랐다.

물론 신풍제약이나 씨젠에 '몰빵'한 사람들은 몇 배, 몇십 배를 벌었겠지만 나는 그들을 부러워하거나 그 종목을 사지 못한 것을 후회하지 않는다. 그렇게 단기간에 내가 수십 배를 벌었다면 지금까지 30년 동안이나 투자해오지 못했을 것이다.

내가 30년 동안이나 투자하고 금융위기 때마다 시장상승률보다 높은 수익을 낸 데 감사할 뿐이다. 내가 30년 동안 투자한 방법이 이제 막 주식시장에 들어온 초보 투자자 분들에게 도움이 되길 바랄 뿐이다.

"그때 삼성전자를 사서 묻어두었더라면 지금 100배일 텐데.", "코로나 때 폭락장에서 신풍제약이나 씨젠을 샀더라면 강남 아파트를 샀을 텐데."

이런 생각이 개미들의 생각이다. 개인투자자는 '내일 수익을 내고 모레도 수익을 내면 된다. 앞으로 어떻게 계속 수익을 낼 것인가?'를 고민할 뿐이다. 투자자는 과거 경험을 바탕으로 미래에 투자(投資: 자산을 던짐)할 뿐이다. 자산을 던지기는 무척 쉽다. 다만 그 방향을 찾아내는 것이 어렵다.

"투자는 단순하지만 쉽지 않다(Investing is simple, but not easy.)"

- 워런 버핏 -

차례

5장 아는 만큼만 보인다

6장 주식 종목 선정하기

7장 추천 미국 ETF

1장

주식 명언 따라
투자하기

떨어지는 칼날을 받지 마라

2020년 2월의 마지막 날이던 28일 종합주가지수는 -3.3% 폭락하며 1,987.01로 마감했다. 3월 2일 월요일에 반등을 시도해 2,000선을 회복하고 5영업일 내내 올라 목요일 2,085.26포인트로 마감해 바닥은 2,000선이라고 생각했다. 금요일부터 폭락하기 시작한 종합주가지수가 1,475.64포인트를 찍고 반등할 때까지 10영업일밖에 안 걸렸다. 2주 만에 600포인트가 빠졌고 삼성전자를 비롯한 대형주가 -20~30%나 하락해 개인투자자들이 선호하는 중·소형주는 반토막이 속출했다.

이 기간의 뉴스를 검색해보면 대부분의 증권사가 1,800선이 바닥이고 이것도 밀려서 1,750선으로 잡고 1,600선을 진바닥으로 예측했지만 막상 1,600선까지 무너지자 예측 불가능이라며 모두 손을 놓아버렸다. 폭락의 전조는 2020년 2월 24일 다우지수가 -1,000포인트나 빠졌을 때 나타났다. 주식은 신의 영역이므로 등락을 아무도 예측할 수 없지만 다우지수나 나스닥이 +, - 5% 변동을 보여주면 일단 주의해야 한다.

변동성에 따른 ETF(Exchange Traded Fund의 약자로 인덱스 펀드(KODEX200)가 대표적이다)의 매도 물량이나 신용매수/매도물량 정리 등 시장 변동성이 매우 커질 수 있기 때문이다. 대규모 자금을 굴릴 경우, 펀드 매니저 개인이 모든 주문을 넣는 것이 아니라 종목별로 구성한 후 인공지능(AI)을 이용해 자동매매한다.

종목별 구성에 따라 일정 수준 이상 하락하면 AI 스스로 자동으로 손절매하고 일정 수준 이상 상승하면 차익을 실현하도록 프로그램화되어 있어 미국 S&P500이 일정 수준까지 하락하면 이머징 마켓의 자동 손절매, Euro Stoxx의 자동 매도가 이루어지고 S&P500이 다시 연쇄 하락하게 된다. 하락이 하락을 부르고 매물이 매물을 부르는 공포장에서는 바닥을 알 수 없으므로 인버스(하락 시 이익을 보도록 지수와 반대로 연동된 ETF 상품)를 제외하고 아무 종목도 매수하면 안 된다.

폭락장에서는 삼성전자, 네이버, 신풍제약, 농심 등 업종 관련이 없는 모든 종목이 일시에 하락하게 된다. 필수소비재주(화장지, 치약, 라면, 술, 담배 등)의 하락폭이 가장 작고 소재·부품, 수출주의 하락폭이 크지만 농심과 하이트진로와 같은 필수소비재도 폭락장 초반에는 모두 동반 하락한다.

그렇다면 언제 매수해야 할까? 분명한 매수 신호를 확인할 때까지는 절대로 매수하면 안 된다. '무릎에 사서 어깨에 판다'는 것은 하락장에서 신발창까지 확인한 후 무릎까지 반등했을 때 무릎에서 매수하는 것이지 신발창이 어디인지도 모르는 상황에서 섣불리 판단하면 엄청난 손실을 볼 수 있다. 2,000, 1,800, 1,600…

2020년의 코로나 폭락장은 1,400 후반대가 바닥이었지만 그것은 우리가 정한 것이 아니다. 미국 연방준비은행(연준: FED)이 시장 개입에 나섰기 때문에 바닥이 된 것이다. 제로 금리 선언 이후 시장이 더 크게 요동치면서 상승과 하락의 팽팽한 긴장이 흐른 기간이 있었고 매수 신호는 그로부터 며칠 후에 나왔다.

2012년부터 그리스의 유로존 탈퇴가 한국 증시에 영향을 미친 이유에 대해 많은 사람이 이해할 수 없다는 반응이었다. 아니, 미국 저신용자들의 주택담보대출에 영향이 있는데 삼성전자가 왜 폭락하는지 이유를 몰랐다.

세계 금융시장은 거미줄처럼 매우 복잡하게 연결되어 있다.

저신용자들의 담보대출 미상환 → 미국 금융회사 문제 발생 → 미국 금융회사 부도 → 헤지펀드들의 이머징 마켓 숏 베팅(헤지펀드들이 한국, 중국 등 신흥국의 주식 하락에 대규모 자금 베팅: 미국 금융시스템에 문제가 발생해 신흥국의 취약한 틈을 노려 외환, 채권, 주식시장 교란으로 하락에 베팅함으로써 막대한 이익을 보도록 투자함) → 사우디 국부펀드, 캘리포니아 연금, 싱가포르 투자청 등 전 세계 기관투자자들의 주식 비중 축소 → SPY(S&P500 추종 ETF), EEM, IEMG(iShare Emerging Market ETF 이머징 마켓) 시스템으로 자동 매도 → ETF와 연결된 주식 비중만큼 자동 매도로 이어진다. 사우디 국부펀드가 EEM 1억 달러(약 1,200억 원)를 매도하면 한국 비중 12%인 약 144억 원 중 20%인 28억 8천만 원어치의 삼성전자 매도물량이 자동 출회된다. 문제는 매도물량이 1억 달러에 그치지 않고 SPY, EEM, MSCI 등 지수 관련 각종 패시브(Passive) 자금(SPY, MSCI에 기초한 추종 매매자금)과 AI 시스템 매도액이 수십억 달러에 달한다는 것이다.

2020년 3월 하락장에서도 거의 석 달 동안 지겹도록 외국인의 삼성전자 매도물량이 쏟아져 나왔다. 하지만 7월 유럽연합이 재정통합에 합의하면서 이머징 마켓에 돈이 유입되기 시작했다. 2020월 7월 28일 외국인의 순매수 금액 1조 3천억 원 중 삼성전자만 1조 원어치를 매수했다. 삼성전자의 실적이 좋아서가 아니라 전 세계 거액의 투자자금이 여기저기 흘러 다니다가 매수, 매도세가 삼성전자에 집중된 것이다.

2020년 8월 31일 MSCI 이머징 마켓의 조정으로 1조 6,362억 원의 외국인 매도가 있었다. 이 금액은 지난 3월 대폭락장의 1조 3,000억 원을 넘어선 것으로 자료가 존재하는 1999년 이후 사상 최대의 하루 순매도 금액이다.

따라서 그리스의 유로존 탈퇴 → 전 세계 금융시장 마비 → ETF 매도 → 시스템 자동 매도 → 추종 ETF 신용 매도 → 주식시장 폭락의 각본이 하루하루 차근차근 진행되는 것을 속수무책으로 바라볼 수밖에 없는 것이 현재의 글로벌 금융시장이다.

2020년 7월 말 외국인이 약 2조 원어치를 순매수했는데 이것으로 미루어 약 20조 원(200억 달러)이 이머징 마켓 펀드로 유입되었고 그 중 약 10조 원은 중국시장 매수, 나머지 2조 원은 한국, 2조 원은 대만… 이런 식으로 배분되었다. 반도체 관련 포트폴리오 조정이 있었던 것으로 추정하면 된다.

2020년 7월 한 달 동안 AMD(Advanced Micro Devices)의 주가는 40% 이상 올랐고 인텔(반도체) 주

가는 약 20% 빠졌다. TSMC(Taiwan Semiconductor Manufacturing Co) 주식은 30% 레벨업되었다. 결국 트럼프 행정부의 화웨이 제재, 대만의 친미정책, AMD CEO인 리사 수(Lisa Su)가 발표한 라이젠(Ryzen)칩의 시장지배력 강화 등으로 반도체 업종에 거액의 자금이 들어와 포트폴리오를 조정한 것이 삼성전자 매수세였다. D램을 비롯한 반도체 시장 전체가 좋았다면 이 기간에 하이닉스도 움직여야 했는데 전혀 그렇지 못했다.

- 리사 수(Lisa Su): AMD CEO로 '갓사수'라는 애칭을 가진 대만계 여성이다. 자신을 '닥터 수'라고 불러달라고 할 만큼 경영보다 기술에 집중하겠다는 뛰어난 CEO-엔지니어다. AMD 라이젠 3세대 CPU인 Zen2가 게임과 그래픽에 최적화되도록 설계해 시장의 호응을 얻었다. 인텔의 시대는 저물고 바야흐로 AMD의 시대가 도래했음을 주식시장에서 먼저 읽게 된 것이다.

사진 출처 : AMD.com

굿바이 오일

애플 주가가 400달러를 넘기면서 4:1 분할을 결정한 후 다우지수에서 가장 큰 비중을 차지하는 애플의 비중이 1/4로 줄었다. 애플의 비중 축소로 다우지수가 제대로 작동하지 않을 것 같자 8월 31일 지수를 기준으로 구성 종목을 과감히 변경했다.

국제 유가가 배럴당 100달러를 넘던 2014년 시가총액 4,460억 달러(약 500조 원)의 기업 가치로 전 세계 1위였던 엑손모빌(Exxon Mobil-XOM)이 92년 동안 지켜온 다우지수에서 제외되었다.

10년도 채 안 지나 애플 시총의 1/10로 줄어든 엑손모빌과 방위산업체 레이시언(Raytheon-RTX)과 세계적 제약사인 화이자(Pfizer-PFE) 대신 클라우딩 컴퓨팅 서비스업체인 세일즈포스닷컴(Salesforce.com-CRM), 다국적 제약업체 암젠(Amgen-AMGN), 항공우주와 양자 컴퓨팅 분야의 허니웰(Honeywell-HON)을 편입시켰다.

화이자 → 암젠, 레이시언 → 허니웰의 변경은 동일 업종 내에서도 IT-바이오 쪽으로 축을 옮긴 것이지만 석유를 제외하고 세일즈포스닷컴을 선택한 것은 향후 우리 삶에서 석유의 비중이 많이 줄어들 것이라는 암시일 것이다.

이 발표 후 암젠(+5.37%), 세일즈포스닷컴(+3.64, 다음 날 실적 발표 후 +24.79% 폭등, +1.47% 또 상승), 허니웰(+3.24%)은 상승했고 엑손모빌(-3.17%), 레이시온(-1.5%), 화이자(-1.11%)는 하락해 극명한 대비를 보였다.

수년 전만 해도 세계 최대 석유회사였고 현재도 오일 패권을 거머쥔 엑손모빌도 패시브 자금(수동적, 소극적인 추종 자금)의 강력한 매수의 힘을 당해내지 못했다.

세일스포스닷컴 주가, 자료 출처: investing.com

엑슨모빌 주가, 자료 출처: investing.com

세일즈포스닷컴은 발표 이후 3일 동안 29.99%나 상승했다.

다우지수에서 제외되고 패시브 펀드 자금이 빠져나간 엑손모빌의 주가는 흘러내렸다.

우리나라도 예외는 아니다. 2020년 8월 31일(월) MSCI 리밸런싱의 영향으로 지난주 연준이 인플레이션을 적극적으로 용인한다는 긍정적인 뉴스와 지난 금요일 미국 시장이 큰 폭으로 상승했음에도 불구하고 오전에 +1% 넘게 상승 출발한 증시는 사상 최대인 1조 6천억 원의 외국인 매물에 결국 약 60포인트가 밀리며 -1.17%를 기록했다. MSCI 지수를 추종하는 패시브 펀드들의 꾸준한 물량 출회로 우리나라 주식시장이 힘없이 -2% 하락한 것이다.

MSCI에 신규 편입된 씨젠, 알테오젠, 신풍제약은 종합주가지수가 -2%(오전장 +1%에서 밀린 것을 감안하면) 하락한 장에서 신풍제약(+22.97%), 알테오젠(+13.53%), 씨젠(+6.78%)이 큰 폭으로 상승했다. 이날 삼성전자(-2.53%)는 SK하이닉스(-3.47%)와 비교해 지수 편입에 따른 리밸런싱과 그 지수를 추종하는 패시브 유동자금의 엄청난 힘을 느낄 수 있었다.

정책에 대항하지 마라

미국 연준은 제로 금리와 함께 유동성 공급을 위해 7천억 달러 규모의 국채 및 주택저당증권(MBS)을 매입하기로 했다. 채권시장마저 요동치기 시작하면 위기의 불씨는 걷잡을 수 없게 되고 MBS는 실직자들의 월세 미납에 대한 선제조치로 연준이 사줄 테니 쓸데없이 하락에 베팅해 금융시장을 교란하지 말라는 것이다.

또한 PMCCF(Primary Market Corporate Credit Facility)와 SMCCF(Secondary Market Corporate Credit Facility)를 개설해 기업에 대한 간접 대출과 회사채 매입을 시작했다. 한미 통화 스와프 협정도 연준이 정신없는 사이 헤지펀드들이 아시아 시장을 공격해 아시아에서 불필요한 금융위기가 발생할까 봐 선제적으로 미국이 먼저 대만, 홍콩, 한국, 호주 등과 체결한 것이다.

핵심은 돈을 무제한으로 풀겠다는 것이고 연준의 강력하고 신속한 조치로 전 세계 금융시장은 빠르게 안정을 찾아갔다. 이때가 절호의 매수 타이밍이었다. 1,480포인트에서 못 산 것을 후회할 것이 아니라 1,600포인트에서 연준의 무제한 자산매입 결정 이후 매수해야 했던 것이다.

여기에 CBS '60 Minutes'에 직접 출연한 제롬 파월(Jerome Powell) 연준 의장이 "미국 경제에 대항해 베팅하지 말라"라고 발언해 투자자들에게 확신을 심어주었다. 이때부터 헤지펀드들의 숏커버링(하락을 예상해 공매도(주식을 빌려 매도함)에 베팅했지만 하락하지 않고 오히려 큰 폭으로 상승하면 서둘러 주식을 갚기 위해 주식을 매수하는 것) 매수세까지 가세하기 시작했다. 통상적인 매수세와 주식을 갚기 위한 매수세가 합쳐지면 강력한 매수세가 생긴다.

한국도 집값이 오름에 따라 정부는 양도세와 보유세 중과 등의 부동산 정책을 내놓았다. 집값이 오를 때마다 정부의 대응 강도도 계속 높아질 수밖에 없어 부동산 가격 상승에 따른 수익을 국가가 모두 챙기는 구조로 정책이 바뀌었다. 그래서 더이상 부동산 투자로 수익이 나지 않게 정책이 만들어진 것이다. 강남 집값이 10억 원에서 20억 원으로 오르더라도 세법을 모르고 정책에 휘말리면 8억 원을 세금으로 내고 2억 원만 손에 쥐는 것이 정부 정책의 위력이다. 물론 손실은 모두 개인의 책임이다.

정책은 제도와 법률을 이용해 시장에 개입한다. 이 정책을 껌으로 보고 '코로나가 계속 번지고 실물경기도 바닥인데 하락에 베팅한' 행동은 결국 큰 손실만 남겼다. 필자도 7월 초부터 조정 없이 오른 주가와 미국의 확진자와 사망자 수가 줄지 않고 계속 증가한다는 뉴스를 접하고 인버스에 투자해 큰 손실을 보았다. 금융정책에 대항하는 투자는 결코 현명한 태도가 아니다.

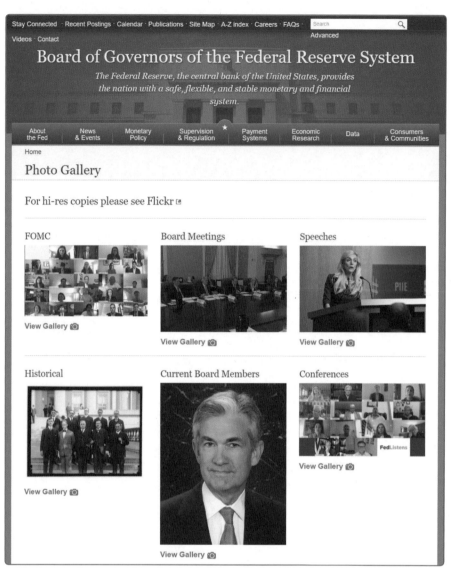

사진 출처: 미국 연방준비제도 이사회 홈페이지

AIT(Average Inflation Targeting: 평균물가목표제)

　2020년 8월 27일 잭슨 홀 미팅에서 연준 파월 의장은 AIT를 도입해 연간 2%까지 물가상승을 용인하겠다는 점을 분명히 밝혔다. 특정 기간(약 5년)의 평균 물가상승률이

2%를 넘지 않으면 제로 금리를 유지하는 '평균 인플레이션'을 도입했다.

국가가 부채를 갚는 방법에는 두 가지가 있다. 화폐개혁과 인플레이션이다.

부채를 갚는 것이 아니라 인플레이션을 통해 부채가 적어지는 효과를 거두겠다는 것이 AIT 도입의 목적이다. 미국의 재정 적자가 1조 달러이면 인플레이션을 발생시켜 1조 달러가 7천억 달러 정도로 이해되는 수준으로 만들겠다는 것이다.

"저금리를 유지할 테니 자산을 매입해 경제를 돌려라. 뒤는 우리 FED가 봐주겠다. 예금하지 말고 주식, 부동산을 사서 오르면 그 이익으로 소비를 하라. 소비를 통해 미국의 서비스 일자리가 늘어나 실업률이 떨어지는 것을 목표로 삼겠다. 숫자는 겁내지 말라. 우리 FED가 조절할 것이다."

나는 AIT에 대해 이렇게 이해했다. 해석은 모두 다르니까.

지난 수년 동안 우리나라에서는 소비자 물가가 약 20배나 상승했기 때문에 봉급 생활자와 금융자산 보유자는 장기적으로 손실을 보았고 부동산과 같은 실물자산과 돈을 빌린 채무자들은 이익을 보았다. 인플레이션이 발생했기 때문이다. 30년 전에는 주택복권 1억 원으로 집도 사고 차도 살 수 있었지만 지금은 10억 원이 있어야 가능하다. 바꿔 말해 요즘의 1억 원의 대출금이나 빚은 10년 전과 비교해 많이 작아진 느낌이다.

30년 전 1억 원 대출을 받아 강남에 부동산을 구입해 두었다면 지금 30억 원으로 올랐고 이자와 원금을 합쳐 3~4억 원을 지출했을 테니 엄청난 이익을 본 것이다.

물론 재정이 튼튼하지 않거나 화폐에 대한 신뢰가 무너지면 10여 년 전 무가베 정권의 짐바브웨처럼 하이퍼 인플레이션으로 경제가 망가질 수도 있다. 어제 코카콜라 한 병이 1억 짐바브웨 달러였다면 오늘은 10억 달러, 내일은 1조 달러, 이렇게 자고 나면 화폐가치가 폭락해 오직 미국 달러(또는 유로(Euro), 남아공의 랜드(Rand))만 통용되었다. 달러, 유로, 랜드는 신뢰할 수 있는 화폐이고 짐바브웨 달러는 종이에 불과하므로 불쏘시

개와 여행객들의 기념품 이상의 의미는 없다.

하지만 미국의 재정은 숫자로 조절하면 되며 화폐에 대한 신뢰는 2020년 봄 폭락장에서 이미 금 이상의 존재감(금 폭락, 달러 상승)을 보여주었기 때문에 웬만한 인플레이션을 감내할 수 있다고 생각한 것이다. 미국은 재정에 문제가 보이면 100달러짜리 신권을 발행하는 것만으로도 충당할 수 있을 것이다. 이미 전 세계의 독재자와 세금 포탈자들이 숨겨놓은 검은 돈 수조 달러어치의 100달러짜리 구권 화폐를 가지고 있을 것이므로 신권 교환만으로도 미국 경제는 잘 돌아간다. 미국은 숫자 변경만으로도 많은 것을 조절할 수 있다.

미국이나 일본이 망할 것이라고 걱정하지 말고 우리나라와 우리를 걱정하자. 2020년 8월 31일 워런 버핏은 일본 종합상사 5개 회사의 지분을 5%씩(종가 기준 7조 4천억 원어치) 매수해 보유 중이라고 공시했다. 바로 다음 날 일본 주식시장은 1% 넘게 오르고 종합상사들은 각각 Marubeni 8.63%, Mitsubishi 7.22%, Mitsui 6.09%, Sumitomo 8.25%, Itochu 4.93% 상승했다.

같은 날 우리나라에서는 사상 최대의 외국인 매도(1조 6,362억 원)가 있었고 오전에 +1% 상승 출발한 증시는 -1.17% 하락하고 장중 최고가 기준으로 80포인트 폭락, 마감했다. 이 날은 MSCI 이머징 마켓 리밸런싱(비중 조절)이 있던 날이기도 했다. EEM에서 삼성전자의 비중이 3.691에서 3.663으로 -0.028% 줄어든 영향도 있었다.

기다리는 조정은 오지 않는다

숨가쁘게 달려온 3월 중순부터 7월 말까지 헤지펀드, 현금 보유자, 연기금 등이 조정이 오면 매수하려고 대기했지만 조정다운 조정은 오지 않았다. 말 그대로 '기다리던' 조정은 오지 않았다.

코스닥과 나스닥은 직전 고점을 모두 넘어 큰 폭으로 상승했다. 이 기간에 조정이 있는 것이 정상이고 건강한 주식이다. 실제로 조정이 올 타이밍도 몇 번 있었는데 연준 의장이 개입하거나 므누신 재무장관이 CNBC에 직접 출연하고 결정적인 조정 타이밍 때는 모더나(Moderna)의 백신 임상 돌입, 화이자, 존슨앤존슨의 백신 관련 뉴스로 모든 악재를 덮어버리기 일쑤였다.

모더나가 미국 정부의 엄청난 자금 지원으로 최초로 3상 돌입, 화이자-바이오앤테크, 옥스포드-아스트라제네카, 존슨앤존슨 등에서 계속 들려오는 백신 소식에 '화이자(Pfizer), 옥스포드(Oxford University), 존슨앤존슨(Johnson&Johnson)'과 같은 초대형 기업과 대학들이 주도하다 보니 의심보다 기대감이 클 수밖에 없었고 코로나 종식에 대한 기대감으로 항공, 여행, 호텔, 카지노 주식들이 일시적으로 반등하기도 했다.

주도주인 바이오·헬스케어, 언택트(Untact(비대면): 서로 만나지 않고 화상, 채팅, 전화 등을 이용하는 것), 커뮤니케이션(네이버, 카카오, 페이스북 등의 소셜네트워크가 대표적), IT-테크주(인터넷, 넷플릭스, 통신, 클라우드)는 조정 없이 올랐고 백신 개발에 시간이 걸릴 거라는 인식이 퍼지고 미국 남부 선벨트를 중심으로 확진자가 급증하면서 금융, 화학, 자동차, 조선, 소재 등 대부분의 종목은 반짝 올랐거나 의미 없는 상승과 하락만 되풀이할 뿐이었고 석유 수요 감소가 예상되면서 정유주는 하락했고 항공·여행주는 언제가 될지 기약할 수 없게 되었다. 주가가 너무 급격히 올라 거품 논쟁에 휩싸인 애플, 아마존, 네이버, 카카오는 기대치를 상회하는 사상 최대 실적을 7월 말 발표하며 급등의 정당성을 부여받았다.

포스트 코로나 시대에 집콕, 재택근무, 모임과 활동의 급격한 위축으로 기업 실적은 비대면 기업(네이버, 카카오)과 대면 기업(호텔신라, 항공, 카지노) 사이에 너무 큰 차이가 났다.

향후 10년 동안 발전할 Info-Tech-Communication 분야는 단 3개월 만에 압축 성장을 한 것이다. 넷플릭스는 2/4분기 매출액이 전년 동기 대비 24.9% 늘어난 61억 5천만 달러, 영업이익과 순이익은 각각 92.2%, 166.1% 급증한 13억 6천만 달러와 7억 2천만 달러를 기록했다. 네이버는 올해 2분기 연결 기준 매출액이 1조 9,025억 원, 영업이익은 2,306억 원으로 1년 전보다 각각 16.7%, 79.7% 증가했다.

우리가 익숙한 기업들의 영업이익이 2배가 되는 것은 매수할 기회를 주지 않고 주가가 2배로 수직 상승한 충분한 이유가 된다. 이렇게 오르는 주식과 안 오르는 주식이 극명히 나뉜다. 2012년부터 몇 년 동안 코스피 시장이 '차화정'(자동차, 화학, 정유), 화장품, 면세점, 삼성전자만 오르는 차별화 장세가 지속되었듯이 코로나는 쉽게 끝날 것 같지 않다. 백신이 개발되더라도 내 차례가 되려면 최소 2년은 걸리지 않을까? 그래서 조정을 기다리지 말고 이렇게 변동성이 심한 차별화 장세에서는 지수를 사야 하는 것이다.

KODEX 레버리지 차트, 사진 출처: 한국투자증권

기다리는 조정은 오지 않았다.

강세장은 비관 속에서 태어나
회의 속에서 자란다

IMF 사태 당시 원/달러 환율은 무려 2,000원을 넘고 서브프라임 모기지 사태 때는 1,600원을 넘어 모두 비관 속에서 망할 것만 같은 분위기 속에서 주식시장은 최저점을 형성했고 강세장이 태어났다.

이번에도 종합주가지수 1,480포인트 언저리에서 1,200포인트까지 떨어질 것 같은 비관과 코로나가 뉴욕에서 급속히 퍼져 스페인 독감 당시의 사망자 수 5천만 명을 넘을 것이고 코로나바이러스가 변형되어 치사율이 높아졌다는 등 인류가 멸망할 것 같은 비관 속에서 주식, 금, 채권을 팔아 실물 달러만 구하기 위해 모두 혈안이 되어 있었다. 3월 중순 CNBC의 헤드라인은 'Cash is KING'이었다.

미국 달러만 통용되는 세상이 올 것 같은 비관론과 종말론이 최고조에 달했을 때 누군가는 주식을 매수하고 있었다. 주식시장은 계속된 비관론과 회의론 속에서 무력

무럭 자랐다. 전염병을 못 잡을 텐데 주식이 왜 오르나? 모두 거품이고 아무리 좋게 생각해도 1,800선을 못 넘을 것이고 2,000선은 가장 강력한 저항선이 되어 2년 후에나 돌파가 가능할 것이고 2,200선 돌파는 17세기 네덜란드 튤립 거품을 연상시킨다. 돈의 힘(유동성)이 없다면 2,200선 돌파는 불가능하고 이 거품은 순식간에 폭락으로 돌변해 블랙 프라이데이, 블랙 먼데이 당시의 −20%가 나올 것이다.

폭락, 거품, 코로나 확산, 지구 올스톱, 기업도산, 은행 파산, 금리 폭등, 전 세계적 금융위기, 미국 달러 휴지, 금본위제…

그런데 그 와중에도 꾸준히 오른 LG화학은 매출액 6조 9,352억 원, 영업이익 5,716억 원으로 작년 동기 대비 매출은 2.3%, 영업이익은 131.5% 증가한 2/4분기 실적을 발표했다. 특히 전기차 배터리와 에너지 저장장치(ESS) 등 전지 부문의 2분기 영업이익이 1,555억 원으로 드디어 투자성과가 나오기 시작하자 주가는 이틀 동안 20%나 올랐다. 2019년 12월 대비 2배다.

가장 최악이던 2020년 4~6월의 기업 실적은 생각보다 나쁘지 않았다. 개인, 가계, 소상공인에게는 최악이었고 앞으로도 쉽지 않겠지만 기업 특히 대기업들은 대부분의 업무가 이미 매뉴얼화, 시스템화되어 있어 우려보다 타격이 작았던 것 같다. 재택근무, 자동화된 공장, 온라인 수출입 시스템 등 언택트로 가능한 부분이 많고 대체 가능해 음식점, 소매판매점에 치중된 일반 자영업자와 달리 코로나 충격을 흡수할 수 있었다.

정확한 통계자료는 없지만 우리나라의 하루 주식 거래대금은 10~30조 원이고 전 세계로 확대하면 매일 1천조 원이 거래된다고 한다. 여기에 외환, 채권, 금, 석유, 농산물 등을 합치면 공학용 계산기로만 계산할 수 있는 수치가 뜬다.

2020년 8월 3일 기준으로 애플의 시가총액은 2,200조 원, 아마존 1,900조 원, 마이크로소프트 1,800조 원 등 나스닥에서만 시가총액 20위권 기업들을 합치면 1경 원이 된다. 누군가 투자한 1억 원은 나스닥에서만 0.00000001%의 가격이니 그 존재감은

먼지에 불과하다. 상승하기 위해 흐르는 한강물에 모래 한 알을 반대쪽으로 던지면 하락할 것이라고 믿는 것과 같다. 거품이라는데 왜 이렇게 많이 사고 팔까? 내 생각이 틀린 걸까?

영화 '인터스텔라'의 대사처럼

"우리는 답을 찾을 것이다. 항상 그랬듯이(We will find a way, we always have.)"

인류는 결국 코로나를 극복할 것이고 애플과 삼성전자처럼 스마트폰을 개발해 서로 정보를 주고받는 경이로운 생명체인데 망할 것이라고 하락에 계속 베팅하는 것은 틀린 것 같다. 현재의 기업가치가 너무 커져 거품일 수도 있지만 하루에 수천조 원씩 사고 팔면서 그 정도 고려는 하지 않을까? 시장 전체가 거품이라고 느끼고 하락하면 그때가 거품이라고 생각하는 게 편치 않을까? 나를 제외한 모두가 초절정 고수들이다. 그래서 시장은 항상 옳다.

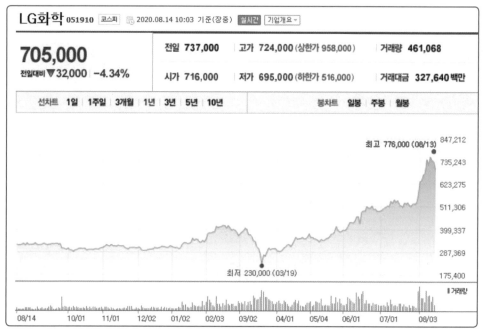

사진 출처: 네이버 LG화학

1999년 IMF 사태를 겪은 사람들은 현대증권 이익치 사장이 종합주가지수가 270포인트까지 떨어지고 우리나라의 시가총액이 일본 NTT(당시 세계 시총 1위)보다 작은 데 착안해 애국심에 호소한 '바이코리아' 열풍을 주도했다. 사실상 국민펀드 1호로 매우 높은 열기와 수익을 보였다.

당시 정주영 회장님은 살아계셨고 1998년 1,001마리 소떼를 이끌고 판문점을 넘어 북한을 방문했다. 당시 현대그룹은 현재의 삼성그룹만큼 비중 있고 매력적인 그룹이었다.

2020년 8월 기준으로 사우디의 아람코를 제치고 세계 시총 1위에 등극한 애플의 시가총액은 2조 달러가 넘었다. 우리나라 전체 상장사의 가치가 2천조 원이 안 되므로 개인투자자들의 매수 욕구를 당기는 모티브는 충분하다. 애플이 비싸거나 우리나라 시장이 저평가되어 있다고 생각되는 것은 당연하다.

주식시장은 항상 비이성적이다. 그럼 한국 시장 전체를 매수하는 것이 나을까? 애플은 전 세계 인구를 대상으로 브랜드 가치 1위다. 조만간 '애플원' 서비스를 출시해 사용자들을 애플원이라는 가두리 양식장에 가둘 계획이다.

애플TV에서 영화와 게임을 하고 TV를 보고 애플을 통해 아마존에서 물건을 구입하고 운동도 집에서 애플 피트니스를 따라 하고 학교 수업도 받고 영화에서나 보던 대부분을 애플이 담당할지도 모른다. 주식시장은 비이성적이지만 합리적이고 결국 옳았던 적이 더 많았다. 모든 투자 판단은 본인의 선택과 책임이다. 애플이 더 높은 수익을 가져올지, 우리나라 시장이 더 높은 수익을 가져올지는 본인의 선택이다.

시장은 항상 옳다

거품은 내가 결정하는 것이 아니다. 시장이 거품이라고 하면 거품이고 상승이라고 하면 상승인 것이다. 컵에 물이 반 정도 남았는데 주식시장이 아직 반이 남았다고 하면 반이나 남아 더 상승하고 반밖에 안 남았다고 걱정하면 하락하는 것이다.

애플의 실적은 좋지만 이후가 걱정이다. 미중 무역전쟁으로 중국인들의 샤오미 선호현상이 나타나 실적 가이던스를 낮추고 목표주가를 하향한다고 발표하면 하락하는 것이다.

이번 분기는 최악의 실적을 냈지만 애플원 서비스를 출시했고 인도시장 매출이 크게 늘어 1년 안에 동남아시장 점유율까지 높인다면 내년에는 사상 최대 실적이 기대된다. 목표주가가 200달러라고 하면 상승하는 것이다.

주식시장 참여자들은 초절정 고수들이다. 주린이와 부린이가 운좋게 이익을 볼 때도 있겠지만 주식시장은 개인투자자들의 피와 눈물로 크는 곳이다. 자신만의 투자 철학과 투자 기법이 없으면 1년, 오래 버텨봤자 10년 안에 전 재산을 기관투자자에게 헌납하고 빈털터리로 나가는 곳이 주식시장이다.

- 시장은 궁극적으로 우상향할 것이다.
- 시가총액 100위 이내 기업에만 투자한다.
- 우선주가 있다면 우선주를 매수한다('LG화학'보다 'LG화학우'를 매수한다).
- 다우지수나 코스피 지수가 하루에 5%가량 하락하면 보유 주식을 모두 매도하고 최소한 달 동안은 주식시장에 들어오지 않는다.
- 오늘은 손실이 났지만 내일 더 큰 이익을 내면 된다.
- 보유 주식을 매각해야 한다면 내린 종목은 매도하고 오른 종목은 계속 보유한다.

주식에 대한 나의 관점은 이렇다. 하지만 더 우선시하는 철학은 '시장은 항상 옳다'다. 나는 장기적으로 시장이 우상향 상승하리라 보지만 하락하면 즉시 인정하고 하락에 베팅하거나 주식을 전량 매도한다.

시장은 항상 나보다 옳으며 주식시장 참여자들은 대부분 나보다 뛰어난 초절정 고수임을 인정한다. 그래서 나는 시장에 대응하기만 한다. 시장 흐름에 흔들려야 더 안전하게 수익을 낼 수 있음을 기억한 덕분에 30년 동안이나 주식시장에 있었다. 물론 위기 때만 크게 투자하고 평소에는 거의 투자하지 않는다. 내가 주식에 중독되었다면 30년 동안이나 버틸 수 없었을 것이다.

주식시장의 등락은 거대한 파도와 같다. 내가 버티고 반항한다고 흐름을 바꿀 수 있는 것이 아니다. 파도를 느끼고 즐기면서 서핑을 하고 파도의 흐름에 몸을 맡길 뿐이다.

테슬라의 시가총액이 도요타와 벤츠를 합친 것보다 크다는 것은 분명히 거품이다. 하지만 이것은 내 생각일 뿐이다. 애플의 시가총액이 2천조 원인 반면, 삼성전자의 시가총액은 350조 원이다. 따라서 삼성전자가 저평가되어 있거나 애플이 고평가되어 있다고 생각하지만 그냥 인정한다.

10년 후 테슬라가 왜 이렇게 큰 회사가 되어 있고 애플의 가치가 3천조 원, 4천조 원을 향할지도 모르니까. 5년 전 나는 네이버의 시가총액이 롯데쇼핑을 넘어섰을 때 거품이라고 판단해 네이버를 매도하고 롯데쇼핑을 매수했다. 현재 네이버의 시가총액은 현대차+기아차와 비슷하고 카카오는 KB국민은행+신한은행과 비슷하다. 롯데쇼핑은 손절도 못한 채 -70% 손실 중이다.

주식은 '가격'이 아닌 '시세'로 표시한다. 가격은 변동성이 작을 때 사용한다. 그랜저 XG 가격 4천만 원, 신라면 천 원처럼. 시세는 수요와 공급의 변동성이 있어 수시로 가격이 변할 때 사용한다.

주식 시세, 금 시세, 아파트 시세, 참치회 시가(시세대로 받음), 주식시장 시가총액 천조 원… 주식은 시세다. 가격이 계속 변해 많은 참여자가 인정하는 '가격'이 바로 '현재가'다.

참치 한 마리의 시세 천만 원이 비싸다고 생각되면 매수하지 않으면 되고 적정하거나 싸다고 생각되면 매수하면 된다. 아파트도 마찬가지다. 그런데 주식시장이 아닌 다른 시장에는 '숏(Short): 하락에 베팅'이나 '공매도'가 없어 가격제어가 어렵지만 주식시장은 하락에 베팅할 수 있어 시세가 적정가에 좀 더 가깝게 거래되고 매일 거래되는 수량과 가격이 커서 가격에 최대한 가까운 시세가 바로 주식시장이다.

어제보다 5% 상승했다고 거품은 아니다. 어제는 어제이고 오늘은 오늘의 시세일 뿐이다. 말 그대로 시세다. 현재의 가격.

애플의 1주당 가격이 400달러에 근접하자 애플은 1/4로 분할하기로 결정했다. 주식분할은 그 자체로는 큰 의미가 없지만 접근성을 높이고 유동성을 풍부하게 해 긍정적인 효과가 있는 것이 일반적이다. 애플의 주식분할로 인한 자금 유입 기대감으로 10~20%가량 추가 상승했다.

미국의 제임스와 한국의 홍길동 씨는 매월 수입이 15만 원가량 되는데 애플 주식 1주를 분기별로 매수하다가 이제는 매월 1주씩 적립할 수 있는 것이다. 삼성전자도 200만 원이 넘을 때는 1주조차 매수할 수 없었지만 지금은 5~6만 원이니 몇 주 매수를 쉽게 주문해 보유할 수 있는 효과가 분할이다. 테슬라도 애플에 이어 1/5 분할을 결정한 후 급등했다.

미국 주식은 액면가액이 없는데 우리나라는 1주당 액면가액을 5,000원으로 정하는 것이 일반적이다. 매우 오래 전부터 그래왔다.

삼성전자가 액면분할을 한 이유는 유동성을 확보하고 소액주주들의 접근성을 높이기 위해서다. 네이버의 액면가는 1주에 100원이므로 5,000원/1주로 계산하면 1주당 약 1,500만 원이다. 삼성전자는 250~300만 원이다.

하지만 분할이 반드시 좋은 것만은 아니다. 롯데칠성과 롯데제과는 액면분할 후 주가가 오히려 반토막났다. 분할이 원인은 아니겠지만 아무튼 분할 전의 황제주가 더 낫다.

워런 버핏의 버크셔 해서웨이는 절대로 분할하지 않아 1주당 가격(2020년 9월 5일 기준으로 32만 7,401 달러/1주)이 4억 원에 조금 못 미친다. 너무 비싸 아예 투자가 불가능하니 1/30, 1/50로 두 번 분할해 Class B 주식을 만들었고 우리는 1/1,500인 B주에 투자하고 있는 것이다.

액면분할 전까지 승승장구하며 상승하던 애플과 테슬라는 결국 급격한 조정을 받고 액면분할 이전의 주가로 하락하기도 했다. 결론적으로 주식분할은 기업가치에 기대감은 주지만 가치를 더하지는 못한다. 분할(액면분할)은 PER, PBR, 주당순이익 등은 변하지 않고 조금 저렴해 보이는 착시만 줄 뿐이다.

달리는 말에 올라타라

달리는 말에 올라타려면 뒷발에 채여 다칠 각오를 해야 한다. 테마를 형성해 상승하는 종목들은 매수할 기회를 좀처럼 주지 않는다. 소위 '말아 올려버려' 사는 순간 꼭지매수가 아닌가 생각된다.

일자	종가	전일대비		등락률	시가	고가	저가	거래량
2020/08/03	366,000	▲	22,500	6.55	347,500	384,000	347,000	3,196,529
2020/07/27	343,500	▲	19,000	5.86	321,000	344,000	320,500	3,789,529
2020/07/20	324,500	▼	500	-0.15	325,000	333,000	306,000	6,538,428
2020/07/13	325,000	▼	30,500	-8.58	359,000	361,000	314,000	7,301,775
2020/07/06	355,500	▲	61,500	20.92	298,000	368,000	297,000	9,797,772
2020/06/29	294,000	▲	19,500	7.10	269,000	297,000	266,000	4,963,968
2020/06/22	274,500	▲	11,000	4.17	263,500	289,000	260,500	6,969,140
2020/06/15	263,500	▼	2,500	-0.94	266,000	271,000	250,000	5,528,160
2020/06/08	266,000	▲	15,000	5.98	252,500	268,000	248,500	7,240,918
2020/06/01	251,000	▼	12,500	-4.74	263,500	266,000	247,000	6,601,149
2020/05/25	263,500	▲	16,500	6.68	251,000	279,500	249,000	12,084,913
2020/05/18	247,000	▲	25,500	11.51	221,500	248,500	214,000	7,123,197
2020/05/11	221,500	▲	15,500	7.52	207,000	231,500	206,000	6,709,012
2020/05/04	206,000	▲	22,000	11.96	181,500	210,000	180,000	7,090,469

사진 출처: 한국투자증권 카카오 주간별 평균주가

3월 23일 폭락장이 멈추고 투자자들은 정신을 차리고 종목 선정에 돌입했다. "카카오와 네이버는 코로나와 상관없잖아?", "코로나 때문에 카카오로 더 많이 톡하는 것 같던데. 오히려 집에서 더 하는 것 아닐까?" 많은 주식투자자가 이렇게 단순히 시작하고 종목 선정도 마찬가지다. 농심, 하이트진로, 오뚜기, 삼성전자, 네이버, 현대차, 현대모비스, SK, CJ, 롯데쇼핑, 이마트, CJ제일제당…

그리고 결정적인 뉴스! '아마존, 직원채용 규모 늘림', 락다운, 집콕으로 온라인 주문 폭주, 사람사는 곳은 다 비슷할 테니 네이버와 카카오도 매출이 늘 것은 분명하다. 때마침 나온 생소한 단어, '언택트(비대면)'.

모든 화력을 딱 3군데에 조준했다. 네이버, 카카오, True 레버리지 나스닥100 ETN.

LG화학은 WTI 가격폭락으로 화학 부문에 대한 의심이 계속 들었고 삼성SDI는 재벌 총수들이 만나 인사를 나누고 악수하고는 순식간에 올라 망설여졌다. 게임은 원래부터 투자하지 않아 엔씨소프트의 내용을 알지 못했고 바이오는 성격상 맞지 않았다. 대신 나스닥 레버리지를 통해 테슬라, 바이오, 아마존, 애플에 우회투자하기로 했다.

운이 좋았다고 밖에는 설명되지 않는다. 3월 폭락장에서 현금 비중이 커 부담없이 네이버와 카카오를 매수할 수 있었다. 나는 보통주보다 우선주를 선호한다. 2012년부터 시작된 차화정과 중국 소비주 투자도 우선주가 이 종목들에 몰려 있던 것도 행운이었다.

현대차는 우, 2우B, 3우B 3가지가 있었고 현대모비스우는 공개 매수 후 상장폐지되었다. 화학도 LG화학우, SK케미칼우, 한화케미칼우, 정유는 GS우, S-Oil우, SK이노베이션우가 본주(보통주)의 절반 시세에 거래되고 있었다. 중국 소비주의 대표주자인 아모레와 아모레퍼시픽, LG생활건강 모두 우선주가 절반도 안되는 시세에 거래되었고 호텔신라우는 신이 주신 선물이었다.

달리는 주식들은 특징이 있다. 실적개선 없이는 달리지 않는다. 시가총액 100위권 밖에서 달리는 말들은 작전주일 수도 있지만 유명한 대기업이 움직일 때는 반드시 실적이 수반된다. 상승하는 데는 그만한 이유가 있는 것이다. 그리고 시대 분위기를 타고 앞으로도 더 좋아질 거라는 기대치가 있어야 한다.

위 7개 종목을 자세히 살펴보니 모두 사상 최대 실적과 이익을 낸 종목들이다.

삼성바이오로직스와 셀트리온은 코로나 백신 개발 및 제조, 네이버와 카카오, 게임주는 언택트시대의 최대 수혜주다. LG화학과 삼성SDI는 실적으로 이미 모든 것을 보여주었다.

나는 코스닥 대부분의 종목과 바이오 주식에는 투자하지 않는다. 회사명도 낯설고 사업 모델에 대해 전혀 몰라 아무리 좋아보여도 내가 이해하지 못하는 주식에는 접근하지 않는다. 시가총액 100위권 밖도 웬만하면 하지 않는다. 투자자는 자신이 잘 알거나 사업내용을 이해하는 주식에 투자하고 매매하는 것이 바람직하다.

코스닥 대부분의 종목과 반도체장비 등 낯선 회사들은 증권사에서 반도체 ETF와 함께 구성해 매매하는 것이 좋다. 남이 ○○바이오에 1억 원을 투자해 10억 원이 되었더라도 전혀 부럽지 않다. 돈은 소금물과 같다. 아무리 마셔도 갈증이 나므로 9억 원을 따로 떼놓고 1억 원만 다시 ○○바이오에 투자할 것 같지만 쉽지 않다. 겸손한 사람은 최소 9억 원을 투자할 것이고 공격적인 투자자는 10억 원에 신용까지 얹어 20~30억 원을 투자할 것이다. 그리고 결국 1억 원만 남거나 아예 남지 않을 것이다. 걸리는 시간은 사람마다 다르겠지만 1~10년이다.

• 추천종목

'오뚜기' 종목이 매우 유망해보여 내일 오전 시초가부터 10억 원어치를 매수하겠다고 결정을 내린 증권사에서 그날 오후 "이번에 출시된 비빔면이 너무 맛있어 목표주가를 20% 올릴 예정입니다. 자, 모두 함께 매수하시죠."라며 매수할 증권사가 있을까? 일단 10억 원어치를 매수한 후 일주일쯤 지나 '오뚜기, 갓뚜기 명성 그대로 목표주가 20% 상향'이라는 리포트를 낼까?

추천종목은 자신이 산 종목을 많은 사람이 더 비싼 가격에 사주길 바라는 종목이다. 증권방송이나 광고도 마찬가지다.

삼성전자가 더 오를 것 같은데 기간 조정이 필요할 것 같고 LG화학은 이번에 실적이 좋은데 2차전지가 너무 올라 부담스럽고 네이버와 카카오는 언택트이지만 너무 올랐다. 일주일 후 "그것 봐. LG화학 실적 좋다고 지난 주에 내가 말했잖아! 나는 주식 천재다. 삼성전자는 조정이 더 필요하다고 말한 지 딱 일주일 지나 횡보하잖아! 나는 주식 천재다. 그래서 준비했다. 바이오테크건설! 1년 후 10배 될 거다. 네이버와 카카오는 언택트라고 말했잖아! 바이오테크건설은 제2의 네이버가 될 거다!"

우리는 수많은 정보 속에서 취할 것과 버릴 것을 정해야 한다. 이 많은 정보를 분석하고 읽다보면 내게 맞는 증권사 리포트나 직원이 있다. 내 경우는 골드만삭스와 노무라증권 리포트가 정확하다고 생각해 가능하면 이 증권사들의 리포트를 찾아 읽고 참고하는 편이다.

미국 CNBC는 모르는 단어를 찾아가며 한 달 동안 꾸준히 듣다보면 감이 잡히고 1년 동안 보고 들으면 내용이 이해가 된다. 'Seeking Alpha', 'Market Watch', 'SNEAK' 등 인터넷상의 많은 정보사이트 중 자신에게 맞는 2~3개 사이트를 꾸준히 보는 것이 좋다. 인베스팅닷컴(investing.com)은 CNBC와 함께 스마트폰 필수 어플이다.

크루즈, 바다 위의 감옥

크루즈 여행은 미국 중산층에게 은퇴 후 버킷리스트 1순위다. 미국의 안정적인 연금은 주식투자에서 나온다. 연기금의 많은 돈이 주식시장에 들어가 있어 주식시장이 폭락하면 미국 중산층이 무너지므로 미국 정부와 연준이 서둘러 진화에 나서는 것이다.

코로나가 강타한 업종은 항공, 여행이고 특히 크루즈가 가장 심각하다. 최근 크루즈 여행이 다시 살아나는 듯하다는 기사는 신뢰성이 낮다. '○○항공사가 베트남 다낭 왕복항공권을 만 원에 내걸자 수만 명이 접속해 예약이 되지 않고 있다. 여행업, 코로나 물리치나, 다시 치솟는 동남아여행 인기 급상승' 이런 기사들이다.

크루즈 선사들은 배만 띄우면 무조건 이익을 보는 구조이므로 하루 몇 만 원 정도로 낮은 가격을 제시해 미끼상품이 예약된 것이지 크루즈업 자체가 과거처럼 돌아가려면 백신이 나오고도 한참 더 지나야 한다.

크루즈선을 100만 원에 예약했더라도 추가비용이 더 많이 발생한다. 식사, 객실 청소 등에 필수적으로 팁을 주고 크루즈선에서 내리려면 기항지마다 선택관광을 해야 한다. 미리 예약하고 상당한 금액을 지불한 후 버스를 타고 관광가이드를 따라 돌아보는 것이다. 안하고 배에 머물 수도 있지만 별로 할 게 없다.

크루즈 선사는 배를 띄워 피자, 스파게티, 탄산음료, 통조림 과일 등 저가 미국식 뷔페를 제공하기만 하면 된다. 고용된 직원들은 승객에게 자동 부과되는 팁에 의존하고 기항지 여행사로부터 받는 커미션으로 적자를 보전하면 적자는 면한다.

크루즈선의 요리사, 급사, 청소부들은 대부분 동남아 노동자들이다. 일본 씨프린세스호와 샌프란시스코 그랜드 프린세스호에서 코로나가 집단 발병하자 호주, 뉴질랜드 등 모든 국가가 크루즈선 입항을 금지했다. 자국민 승객들은 일정 시간이 지나면 육지에 내려 병원이나 집으로 돌아갈 수 있었지만 수천 명의 직원들은 바다 위의 감옥이자 모두의 로망인 크루즈선에서 몇 달 동안 지내야만 했다.

위기가 닥치면 이렇게 가장 약한 부분부터 가장 큰 타격을 받는다.

수급은 재료에 우선한다

아무리 좋은 재료가 있어도 수요가 받쳐주지 않으면 오르지 못한다.

미국 나스닥 펀드: 100억 원

미국 주식 펀드: 100억 원

선진국 투자 펀드: 100억 원

글로벌 IT 펀드: 100억 원

4차산업 펀드: 100억 원

이머징 마켓 펀드: 100억 원

이렇게 글로벌 자금을 운용하기로 했다면 애플은 앞의 5군데에서 각각 10억 원

(10%)씩 최소 50억 원의 수요가 유입된다. 삼성전자는 이머징 마켓 100억 원 중 약 3억 원(MSCI의 삼성전자 비중은 3~4%)이 유입될 것이다. 실적이 아무리 좋아도 주식이 오르지 못하는 이유는 수요와 공급 차이 때문이다.

2020년 8월 아마존의 제프 베조스는 자신이 보유한 31억 달러(3조 6천억 원)어치 주식을 처분해 현금화했다. 우리나라는 삼성전자나 현대차 오너가 100억 원만 매도해도 최소 10% 하락은 불가피하다.

7월말 빅테크 기업 실적 발표에서 애플, 아마존, 페이스북 등은 모두 시장 기대치를 상회했고 엄청난 수급이 들어와 제프 베조스가 4조 원 가까이 매도해도 주식시장에 영향을 미치지 않았다. 성공한 경영인의 주식 처분을 미국인들은 당연시하는 반면, 우리나라는 '부도' 직전으로 생각하는 경향이 있다. 실제로 코스닥의 작은 회사들이 그렇게 많이 했다. 금융범죄에 관대한 것도 한 몫한다.

앞에서 언급한 LG생활건강 대표이사의 자사주 매입이나 현대차 오너의 주식 매집은 그 자체가 10억 원이라도 상징성과 패시브 자금, 추종 매매하는 개인과 법인의 수요를 불러와 +@ 효과가 있다.

아무리 좋은 주식도 수요가 일어나지 않으면 상승에 한계가 있다. 대량거래를 수반해 손바꿈이 일어난 후에야 주식은 움직이기 시작하므로 개별 종목의 실적보다 전체 주식시장의 수요와 공급부터 살펴보아야 한다.

현재 나스닥 시가총액 상위권에 랭크된 애플, 아마존, 페이스북, 구글, 넷플릭스, 테슬라는 코로나를 피해 4차산업 업종으로 유입되는 엄청난 자금들이 나스닥100 선물지수, 인베스코 QQQ, ARK Innovation 등 언택트와 IT-커뮤니케이션 섹터에 계속 들어오고 있어 수급 상황은 매우 좋다.

씨젠(096530)은 2020년 가장 뜨거웠던 종목이다. 대기업은 아니지만 뛰어난 기술력으로 진단키트 분야에서 세계적 기술을 갖춰 전 세계 주문량을 처리할 수 없을 만큼

바빴다. 2~3만 원 하던 주가는 30만 원까지 10배 상승했는데 MSCI 지수 편입 소식에 더 강한 상승세를 보였다.

테슬라도 S&P500 지수 편입 자격이 충분하고 편입 예정 소식에 10% 이상 상승했다. MSCI 지수와 S&P500 편입은 그 지수 비중만큼 매수해 보유해야 하므로 수백억, 수천억 원의 매수세가 MSCI와 S&P500에서 들어올 것이고 이 지수들을 패시브하는 개인, 기관, 타 지수 섹터들에서도 편입해 더 많은 매수자금이 유입될 것으로 기대하기 때문이다. 주식시장에 '반드시'는 없다. 편입되는 순간 하락하는 종목도 많았다.

매수세가 좋으면 실적이 나빠도 다음 분기에 더 좋을 것으로 생각하고 매수세가 없으면 실적이 좋다고 버블이라고 한다. 주식 보유자는 자신이 보유한 주식이 저평가 상태라고 생각하고 현금을 보유했거나 인버스에 투자한 사람은 모든 종목의 가격이 거품이라고 생각한다. 아파트 소유자는 아파트 가격이 올라 적정가가 되었다고 생각하고 전세 세입자는 아파트 가격에 튤립만큼 버블이 끼었다고 보는 것이다. 앙드레 코스톨라니는 강아지와의 산책으로 그 어떤 비유보다 정확히 주가를 표현했다.

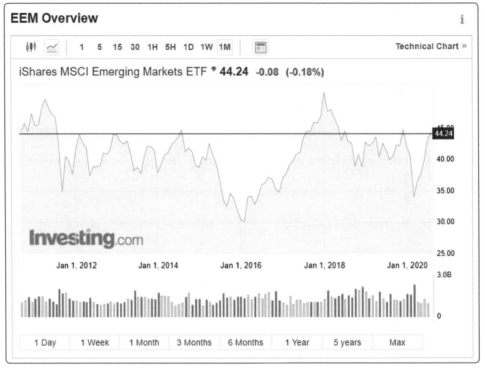

EEM Overview에서 보듯이 10년간 30~40포인트의 박스권에 갇혀 있다.

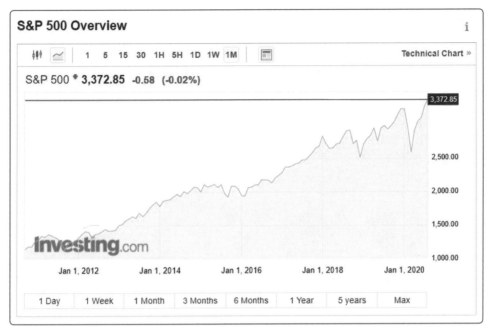

같은 기간 미국 500대 기업지수는 3배 상승했다.

앙드레 코스톨라니

헝가리 출신의 전설적인 투자자 앙드레 코스톨라니는 '강아지와의 산책' 이론으로 유명하다. 삼성전자에 투자한 '나'는 6만 원에서 10만 원을 목표로 걸고 있다. 그런데 실제로 현재 거래되는 '삼성전자 강아지'는 나와 산책하듯이 7만 원으로 앞서거니 4만 원으로 뒤서거니한다는 것이다. 삼성전자의 본질가치는 산책하는 '나'이고 현재 거래되는 '삼성전자 주가'는 강아지가 산책 도중 새를 발견해 20m 이상 달려가 새잡이 놀이를 하거나 킁킁거리며 10m 뒤에서 한참 동안 오지 않는 것으로 표현했다.

목줄 없이 산책을 나갔는데 강아지와 내가 계속 발맞춰 걷지는 않지 않는가? 너무나 절묘한 묘사로 주가가 실적보다 앞서거니 뒤서거니하고 거품이니 저평가니 하며 매일 거액이 오가는 이유를 분명히 설명했다.

코스톨라니는 '빼따꼼쁠리(Fait accompli): 기정사실화'에 대해서도 명확히 설명했다.

'삼성전자, 사상 최대 실적'이라는 뉴스 헤드라인이 오전에 특종으로 떴는데 막상 주가는 하락하는 것이다. 시장에서는 사상 최대 실적을 이미 모두 반영해 '기정사실화'되어 모두 인지하고 있는 것이다. 즉, 주식 시세에 포함되었다고 보는 것이다.

'코로나는 잡힐 것인가?'라는 문제는 이미 기정사실화되어 있다. 주식시장은 빠르면 올 겨울쯤 코로나 백신이 나오고 늦어도 1~2년 안에 잡힐 거라고 판단해 거침없이 오르는 것이다. 백신이 효과가 없거나 1~2년 안에 잡히지 않을 것으로 판단했다면 주식시장은 하락 추세가 이미 시작되었을 것이다.

3월 중순의 폭락장을 되돌아보면 코로나로 인한 침체의 깊이와 정도가 가늠되지 않아 '멜트다운(Melt Down)'된 다우지수는 사상 처음 2,000포인트 하락했다. 샌프란시스코로 돌아온 크루즈선의 수많은 확진자, OPEC 감산에 동의하지 않는 러시아로부터 촉발된 유가폭락과 그로 인해 경기침체가 길어지면 셰일가스와 오일샌드 회사의 부도로 시작되는 미국의 경기하락이 코로나처럼 전 세계로 전염되어 역사상 한 번도 겪어본 적 없는 경기침체가 올 것이라는 '예측'으로 쉐브론, 엑손모빌, 씨티뱅크, 웰스파고 등의 금융, 정유산업에 엄청난 하락을 가져온 것이다.

10년물 미국 국채, 사상 처음 0.5% 하회

사우디 아람코 폭락으로 거래정지

다우, 나스닥, S&P500 7% 이상 폭락, 서킷브레이크 발동

일본 토픽스 5% 폭락

엔화 3% 폭등

서부 텍사스유(WTI) 27% 폭락

파는 사람들의 생각: "금융위기의 전조로 미국과 유럽 시장이 붕괴되고 여행, 정유 섹터에

서 고장나 돈을 아무리 풀어도 전 세계는 경기침체로 갈 것이다."

사는 사람들의 생각: "금리가 제로를 향해 달려가는 중이고 미국은 돈 풀 준비가 되어 있다. 10년 전의 금융위기 해결책은 양적완화, 각국의 금융정책과 재정정책의 동시다발적 실행이었다. 그에 따른 유동성으로 주식과 부동산시장 재평가 후의 시장 안정과 비이성적인 과매도와 폭락은 10년 만에 온 '줍줍' 기회다."

미국 증시 뉴스에 항상 등장하는 '월가의 아인슈타인' 피터 터크만(Peter Tuchman)도 코로나에 감염되었다. 자신의 인생에서 가장 아팠다고 한다.

2장

기본은
지수와 금리

지수를 산다

(ETF:Exchange Traded Fund)

네이버, 카카오, 셀트리온, 삼성바이오로직스를 보유한 투자자가 아니라면 2,200포인트에서 1,480까지 하락했다가 다시 2,200포인트가 되었는데도 계좌는 마이너스일 것이다.

계란을 한 바구니에 담지 말라고 해서 삼성전자, 하이닉스, 은행, 증권, 철강, 조선 등 다양한 종목군으로 포트폴리오를 구성해 투자했는데 하락은 같이 하고 상승장에서 소외되는 계란들은 어쩔 텐가? 계속 기다리면 과연 상승할까?

모든 주식이 오르는 폭등장은 경기가 좋아야만 가능한데 앞으로 이런 시절은 오기 어려울 것이다. IMF 사태 이후 차별화가 진행되어 강남과 강북의 차이가 심해졌고 미국발 서브프라임 모기지 사태와 유로존 위기로 선진국과 이머징 마켓 주식시장도 차별화가 진행되었다.

IMF 사태 이후 강남 아파트의 가격 상승폭은 강북이나 지방보다 월등했고 서브프라임 모기지 사태 이후 S&P500은 오르는데 코스피는 못 오르는 상황이 수년 동안 지속되고 있다. 모든 것을 갖는 것이 아니라 좋은 것만 선별해 보유하는 전략으로 바뀐 지 오래다.

이런 현상은 미술품과 고가 사치품 시장에서도 뚜렷하다. 앤디워홀, 로이 리히텐슈타인이 함께 오르는 시장에서 앤디워홀만 오르고 있으며 한국인 작가들도 김환기 화백과 동시대를 함께 보낸 박서보, 이우환, 윤형근의 작품 시세만 오르고 다른 작가들의 작품은 유찰되는 극심한 차별화가 진행 중이다. 김환기 작가의 작품 '우주'는 2019년 11월 24일 홍콩 크리스티 경매에서 무려 132억 원에 낙찰되어 한국 미술사에 큰 획을 그었다. 롤렉스와 에르메스는 구입 순번에도 수천만 원의 프리미엄이 붙는 반면, 롯데쇼핑과 GS리테일은 점포를 정리하는 중이다.

오르는 것만 오르는 시기가 잠시 멈추면 순환매매가 돌면서 빠르게 오늘은 은행주만 상승, 내일은 은행주 하락, 건설주 상승, 모레는 건설주 하락, 증권주 상승, 그 다음날은 삼성전자만 상승, 나머지는 모두 하락한다. 이렇게 기관투자자들을 중심으로 빠른 매매가 진행되는데 이 과정에서 개인투자자는 섣불리 참여할 수 없게 된다. 답답한 등락의 반복과 차별화 장세에서는 개별종목이 아닌 지수를 사고 팔아야 한다.

코덱스(KODEX) 시리즈는 삼성증권 계열사인 삼성자산운용, True 시리즈는 한국투자증권, TIGER는 미래에셋, 아리랑은 한화투자증권 등의 증권사나 운용사가 개설한 상품이며 각 운용사는 NAV(기준가-순자산가치)에 기초한 LP(유동성 공급자: Liquidity Provider)의 역할도 하게 된다.

코덱스를 예로 좀 더 쉽게 설명하면

사진 출처: 한국투자증권

ETF 운용사는 LP로 참여해 11,550원에서는 매도, 11,510원에서는 매수해 약 1만 주씩 공급한다. 이 주식의 적정가는 11,540원일 것이고 운용사는 운용 수수료를 챙기고 갭에 따른 시세차익을 보는 것이다.

예를 들어, 갑자기 LG화학의 매수세가 일어나 내가 1만 주를 매수하고 싶다면 11,540원에 주문을 내놓아도 되지만 이 경우, 100주만 체결되고 LG화학의 비중이 높아 기준가가 1분 후 11,580원으로 오를 수도 있다. 따라서 11,550원에 1만 주 매수 주문을 내고 기준가가 1분 후에 오르면 LP는 매도, 매수를 변경된 가격으로 다시 책정해 공급한다. 즉, 일정 가격대에서 물량을 대량 공급해 거래를 촉진시키고 매우 미세한 조정에 따른 차액을 취한다고 보면 된다.

KODEX 2차전지 사업은 LG화학 22%, SK이노베이션 14%, 삼성SDI 13%… 일진머티리얼즈 3.48% 등 총 26개 종목으로 시가총액과 2차전지 사업 등을 고려해 삼성자산운용이 만든 상품이다. 테슬라뿐만 아니라 10년 후 모든 자동차가 전기차로 바뀔 것 같다고 판단해 내가 2차전지에 100만 원을 투자하고 싶다면

1. LG화학 100만 원어치를 매수한다.
2. LG화학 20만 원, SK이노베이션 10만 원, 삼성SDI 10만 원, 일진머티리얼즈 3만 원 등으로 포트폴리오를 구성해 100만 원을 투자한다.
3. KODEX 2차전지 주식을 매수한다.

이렇게 3가지 방법이 있다. 수수료와 배당 등에 따라 미세한 차이가 있겠지만 주식은 신의 영역이므로 3가지 모두 결국 비슷한 결과가 된다. LG화학만 많이 오른다면 1번이 유리하고 삼성SDI만 50% 오르고 LG화학은 안 오른다면 2, 3번이 유리할 것이다. 2차전지 산업 전반에 대한 투자를 계획하고 있다면 3번의 2차전지 ETF를 매수하는 것이 좋을 것이다. www.kodex.com에서 운용 방법, 수수료, 구성 종목 비율 등 자세한 사항을 확인할 수 있다.

KODEX200

다우지수는 애플, 디즈니 등 30개 종목으로 구성되어 있고 나스닥100은 애플, 어도비, AMD, 인텔, 아마존, 페이스북, 테슬라, 암젠, 바이오젠, 길리어드 등 90%가 IT와 바이오 기업으로 구성되어 있다. S&P500은 나스닥100의 주요 기업과 다우의 JP모건, 비자카드, 마스터카드 등의 금융사, 쉐브론 등의 정유화학사, 코카콜라, 펩시와 같은 소비 업체 등 미국을 대표하는 500개 기업이 들어 있다.

나스닥100은 코로나 시대에 가장 유망한 바이오테크, IT, 커뮤니케이션 기업으로만 구성되어서 나스닥 지수는 3월 중순 패닉장 이후 3개월도 안된 6월 11일 직전 고점을 넘고 10,000포인트를 돌파했다.

KODEX200과 코스피의 시가총액을 비교해보면 삼성전자의 비중에 차이가 있지만 큰 그림에서 보면 같다.

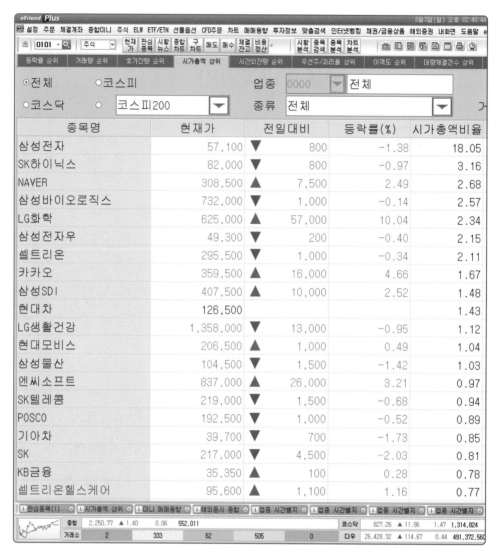

종목명	현재가	전일대비	등락률(%)	시가총액비율
삼성전자	57,100	▼ 800	-1.38	18.05
SK하이닉스	82,000	▼ 800	-0.97	3.16
NAVER	308,500	▲ 7,500	2.49	2.68
삼성바이오로직스	732,000	▼ 1,000	-0.14	2.57
LG화학	625,000	▲ 57,000	10.04	2.34
삼성전자우	49,300	▼ 200	-0.40	2.15
셀트리온	295,500	▼ 1,000	-0.34	2.11
카카오	359,500	▲ 16,000	4.66	1.67
삼성SDI	407,500	▲ 10,000	2.52	1.48
현대차	126,500			1.43
LG생활건강	1,358,000	▼ 13,000	-0.95	1.12
현대모비스	206,500	▲ 1,000	0.49	1.04
삼성물산	104,500	▼ 1,500	-1.42	1.03
엔씨소프트	837,000	▲ 26,000	3.21	0.97
SK텔레콤	219,000	▼ 1,500	-0.68	0.94
POSCO	192,500	▼ 1,000	-0.52	0.89
기아차	39,700	▼ 700	-1.73	0.85
SK	217,000	▼ 4,500	-2.03	0.81
KB금융	35,350	▲ 100	0.28	0.78
셀트리온헬스케어	95,600	▲ 1,100	1.16	0.77

사진 출처: 한국투자증권

따라서 100만 원으로

1. 삼성전자 주식 100만 원어치를 매수한다.

2. 삼성전자 10만 원, 네이버 3만 원, 카카오 2만 원… 이렇게 수십 개 종목 백만 원어치를

매수한다.

3. KODEX200 100만 원어치를 매수한다.

2번과 3번을 매수하면 지수를 추종하게 되고 지수의 등락에 따라 수익과 손실이 난다. KODEX200을 소개하는 것은 거래량이 가장 많아 LP 유동성과 상관없이 갭 손실이 없기 때문이다.

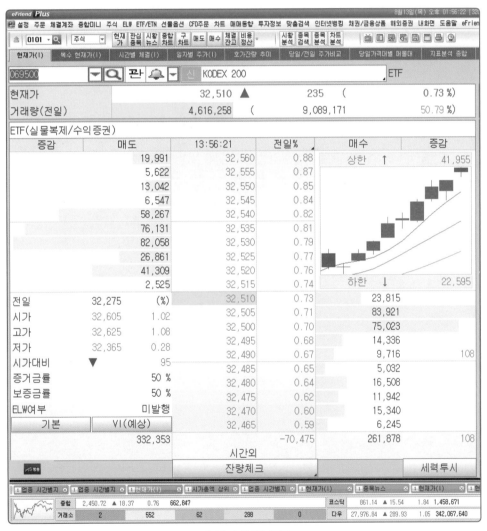

사진 출처: 한국투자증권

KODEX200은 앞의 2차전지보다 거래량이 많아 LP의 역할이 미진해도 개인투자자들의 자금거래가 원활하다.

KODEX 인버스: 가장 많이 거래되는 종목으로 지수가 하락하면 이익을 보고 지수가 상승하면 손실을 본다. KODEX200과 약 95% 정반대로 움직인다. 수많은 종목을 추종하다 보니 트래킹 오차도 발생하는데 기본적인 개념은 등락에 따른 이익과 손실이다.

KODEX 레버리지: 레버리지 중 가장 많이 거래되며 편하게 X2라고 계산하면 되지만 연속 상승하면 승수법칙에 따라 변화가 더 커진다. 고위험 상품이지만 한국인들의 화끈한 주식 투자 스타일에 어울리는 종목으로 KODEX 인버스2X와 함께 거래량, 거래대금 1, 2위를 다투는 종목이다.

KODEX 인버스2X: 레버리지와 반대인 상품으로 하락하면 2배 이익을 본다.

레버리지 상품은 가격 변동성이 크다는 것을 반드시 염두하고 투자해야 한다.

레버리지 ETF

KODEX200에 100만 원을 투자해 10거래일 연속 매일 10%씩 상승한다고 가정해 보자.

KODEX200 투자 시: 100만 원 X 1.1 X 1.1… 259만 원

KODEX 레버리지 투자 시: 100만 원 X 1.2 X 1.2… 619만 원(259 X 2배보다 더 상승)

KODEX 인버스 투자 시: 100만 원 X 0.9 X 0.9… 34만 원

KODEX 인버스2X 투자 시: 100만 원 X 0.8 X 0.8… 10만 원(34/2=17만 원보다 더 하락)

259 X 2배 = 518만 원 계산보다 100만 원 수익을 더 냈고

34만 원/2 = 17만 원이 아닌 10만 원으로 손해가 더 났다.

'강남 아니면 한강!'을 외쳤던 WTI 레버리지 상품 투자자들이 소송을 제기했다.

2~3월에 1만 원이 넘었던 주식이 왜 320원이 되어 있을까? 지금 WTI 원유 선물은 60달러 → 마이너스 → 40달러로 회복되고 있는데 말이다.

레버리지에 -40%, -50%를 대입하고 +100%, +100%를 대입해보자.

1만 원 X 0.6(-40%) X 0.5(-50%) X 2(100%) X 2(100%) = 12,000원

1만 원 X 0.2(-80%) X 0.01%(-99%) X 4 X 4 = 320원

1만 원이 –50%의 2배인 -99%로 거의 0원 가까이 수렴했기 때문에 그 후로 몇 승수가 상승하더라도 돈이 늘어나지 못하는 구조다. 1원이 되면 10배가 상승해도 10원 단위에서 못 벗어난다.

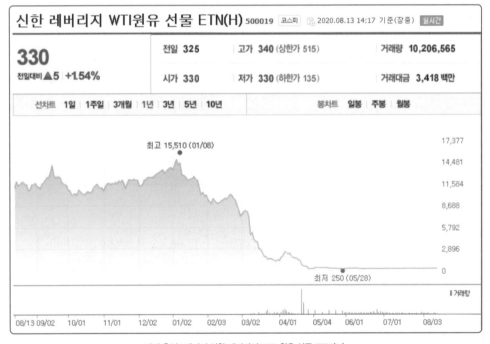

사진 출처: 네이버 신한 레버리지 WTI 원유 선물 ETN(H)

WTI 원유 선물가격이 사상 처음 마이너스(-)로 돌아서고 WTI 6월 선물을 9월로 변경하는 과정에서 괴리율이 900% 가까이 벌어지면서 개인투자자들의 자금이 물밀 듯 들어와 설정된 한도 때문에 LP도 원활히 운용되지 못해 발생했다.

이 과정에서 NAV기초가격(산정가격)이 거의 제로 가까이 변해 그 후로 WTI가 40달러를 회복하더라도 원금이나 NAV가 적정 수준으로 회복되지 않는 구조가 레버리지다. 1원 × 10배 상승 × 10배 상승 = 100배 상승 후 100원이다. 100배가 뛰더라도 기초가격이 1원으로 너무 작아져 손실 회복이 되지 않았다. 중간에 거래중지가 없었다면 손실이 더 줄지 않았을까 생각해본다.

WTI 레버리지와 WTI 2× 인버스 차트를 보면 1년 전 지수대와 다른 가격을 형성하는데 등락을 거듭하며 오르내리면 2배 가까이 되지만 가파른 등락에서 더욱이 사상 처음 마이너스를 기록한 상품을 승수로 계산하다 보니 모두 손실을 보는 구조가 되었다.

KODEX200은 3년 전 지수를 뛰어넘어 그 가치가 그대로 보존되어 있지만 레버리지는 코로나 폭락 당시 하락에 하락을 거듭하다 보니 종합주가지수가 3년 내 최고치에 달했지만 실제 NAV 가치는 그렇지 못하다.

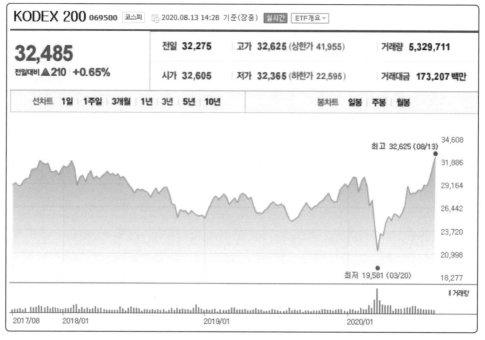

사진 출처: 네이버 KODEX200

6,165원까지 승수 계산으로 하락하는 바람에 종합주가지수가 최고치를 넘어도 아직 3,000원가량 한참 더 가야 한다.

KODEX 레버리지 122630 코스피 2020.08.13 14:28 기준(장중) 실시간 ETF개요 ▾

16,215
전일대비 ▲220 +1.38%

| 전일 15,995 | 고가 16,330 (상한가 25,585) | 거래량 42,899,530 |
| 시가 16,220 | 저가 16,080 (하한가 6,405) | 거래대금 695,799 백만 |

선차트 | 1일 | 1주일 | 3개월 | 1년 | 3년 | 5년 | 10년   봉차트 일봉 주봉 월봉

최고 19,240 (02/02)

최저 6,165 (03/20)

거래량

2017/08   2018/01   2019/01   2020/01

사진 출처: 네이버 KODEX 레버리지

주식투자의 기본은 각 개별종목을 분석하고 연구하는 것이지만 변동성이 너무 큰 기간에는 종목 분석보다 섹터나 지수에 투자하는 것이 좋다. 2차전지 ETF, KODEX200 또는 KODEX 인버스와 같이 방향만 선별해 투자하는 것이다.

ETF는 매우 다양하고 0.25%의 거래세가 없어 증권사 수수료(0.0001~%)만 내면 되므로 대량 거래나 자주 거래할 때 확실히 이익이 된다. 1,000만 원을 하루 4번 거래한다면 증권거래세로 10만 원을 내고 수수료로 1~2만 원을 내는데 증권거래세 10만 원을 절약할 수 있다.

또한 내 보유 종목(LG화학)만 오르면 좋은데 다른 종목만 오를 때(LG화학은 안 오르고 삼성 SDI만 오를 때)의 상대적 박탈감에서 해방된다.

KODEX 골드(인버스): 금에 투자하고 싶을 때(인버스는 금 시세 하락에 투자)

67

KODEX FANG + (ETN): 뉴욕 증시의 FANG + TM에 투자. 페이스북, 아마존, 넷플릭스, 구글, 테슬라, 마이크로소프트 6개 종목에만 투자

KODEX 2차전지: LG화학, 삼성SDI, SK이노베이션 등에 투자

KODEX 게임산업: 넷마블 23%, 엔씨소프트 22%… 네오위즈홀딩스 0.5% 등 21개 기업에 분산투자

KODEX만 하더라도 구리, 농산물, 은(Silver), 미국 국채, 중국, 홍콩, 나스닥, 바이오, IT 등 자신이 원하는 섹터에 투자할 수 있다. 한국투자증권의 TRUE와 타 증권사들의 상품 모두 각사 홈페이지에서 투자 종목 구성을 쉽게 알 수 있다.

즉, 삼성전자, LG화학, SK하이닉스 등이 아니더라도 KODEX 반도체를 매수해 (삼성전자, SK하이닉스, 원익IPS 등을 적정 비율로) 보유하고 배당을 받는 방법도 있다.

ETN: ETF와 비슷한 파생결합증권으로 증권사가 발생하며 증권사의 신용으로 발급된다.

금리가 전부다

제로 금리(金利). 어느새 익숙해진 단어다. 0% 금리다. 금리는 예금이자와 대출이자로 나뉜다. '돈의 가치'는 금리 변동에 따라 변한다. 금리는 금과 쇠의 이자율이다. 지폐가 나오기 전에는 금이나 동전이 기준이었다. 이자가 많으면 즉, 금리가 높으면 현금이 왕이다.

IMF 사태 당시 신종 적립신탁 예금 금리는 한때 20%가 넘었다. 1억 원을 예치하면 1년에 이자수익만 2천만 원이니 정말 'Cash is King'인 시절이었다. 그렇다면 대출받았던 사람들은 어떨까? 30%까지 오른 적도 있다. 주택담보대출로 3억 원을 받았다면 1년에 이자만 9천만 원이다. 집과 빌딩이 경매로 쏟아져 나오고 대출 빚이 많은 대기업 주식이 폭락(삼성전자 6만 원(액면가 5,000원), 액면분할(5,000원 → 100원) 후에도 5~6만 원이니 지난 23년 동안 50배가 올랐다)해도 살 이유가 전혀 없는 (예금이 20%) 시절이 있었다. 빚이 많은 회사들은 부도나고 종금사를 비롯해 증권, 은행까지 인수합병이 비일비재했다. 청구, 한보, 대우, 제일은행…

천문학적인 자금은 금리를 기본으로 환율, 주식, 상품, 선물 등 전 세계 시장을 넘나들며 투자되고 있다. 금리, 환율, 주식시세 등은 때로는 거품처럼 때로는 저평가된 것처럼 보이지만 매일 엄청난 금액이 오가며 나름대로 시세를 찾아가고 있다. 독일과 프랑스의 국채금리는 0% 이하이지만 이탈리아와 스페인의 장기 금리는 1%, 루마니아 4%, 러시아 6%다. 이처럼 각국의 경제 현실과 정치 상황 등 많은 재료와 성분이 금리에 모두 녹아 있다.

2020년 3월 코로나 위기 때 제롬 파월 연준 의장이 맨 먼저 취한 조치는 0.5% 금리인하였다. 그래도 금융시장이 불안하자 추가로 회사채 매입 등 모든 수단을 동원해 금융시장을 안정시키겠다는 강력한 메시지를 던졌고 호주, 스위스, 한국 등과 통화 스와프 협정을 체결해 잔불을 싹 정리했다.

나중에 어떻게 정리될지 모르겠지만 예금 금리 0.5%, 대출 금리 2.5%인 현재 이 금리 수준을 최소 2년 동안 유지할 것이고 2% 이상의 인플레이션 유발이 연준의 의도다. 보통 대출기관이 예대마진(예금과 대출의 갭) 1~2%의 이익을 취한다. 연준은 인플레이션을 높이기 위해 '평균 인플레이션'을 도입하였다.

2020년 8월 5일 금은 사상 처음 2,000달러를 돌파했고 신한 레버리지 은 ETF는 3개월 만에 3배나 올랐다. 코로나 이전에 2,200선이던 코스피는 2,300선을 돌파했다.

사진 출처: 네이버. 코로나 폭락 때 은 레버리지 투자는 엄청난 수익을 안겨주었다.

연준은 돈의 가치를 낮춰 인플레이션 유발로 부채를 줄일 생각이다. 부채를 줄이거나 갚지 않고 돈의 가치를 낮추겠다는 것이다. 금리가 하락하자 주식과 상품은 오르고 금융시장에는 돈이 넘쳐나며 코스피, 코스닥, 나스닥, S&P500 등 대부분의 지수는 코로나 이전 수준을 모두 회복했다.

돈의 가치 하락이 불만인 분도 있겠지만 파월 의장이 이렇게 선제적으로 금리인하, 자산매입, 통화 스와프 등의 조치를 취하지 않았다면 우리나라 금융시장은 원/달러 환율 1,600원, 코스피 1,200포인트까지 열어두고 대응해야 했을 것이다. 그 여파로 실물경기는 더 침체해 회복까지 긴 시간이 걸렸을 것이다. 헤지펀드들이 관광업이 완전히 멈춘 태국을 비롯한 동남아 통화를 다시 공격하고 수출입 물량이 급감한 우리나라의 취약 부분과 남유럽의 코로나 대규모 사망자를 빌미로 유로존 해체와 남유럽의 금융위기를 재탕, 삼탕 우려냈을 것이다. 물론 이 위기는 누군가에게는 기회다.

분산 투자나 장기 투자는 정답이 아니다

삼성전자, LG화학, 포스코, 네이버, LG생활건강, KB금융, 삼성생명으로 포트폴리오를 구성하면 분산 투자여서 좋을 것 같지만 그렇지 않다. 상승장에서는 모두 상승하고 하락장에서는 모두 하락한다. LG생활건강이 가끔 다른 모습을 보일 수도 있겠지만 아무 의미가 없다. 이렇게 분산 투자하려면 KODEX200을 사서 보유하면 된다. 자동으로 분산투자가 된다. 수수료가 저렴하고 세금도 없고 배당도 비슷하다. 분산 투자가 정답이라고 생각한다면 KODEX200!

장기 투자가 정답이라는 말도 틀리다. 10~20년 전 시가총액 10위권 종목을 지금까지 보유 중이라면 오히려 손실이 난다. 고배당 종목에만 투자한다면 복리효과로 장기 투자가 유리하지만 코스피 시가 배당수익률은 1%대이므로 10년 이상 보유하더라도 별로 유리한 점이 없다.

주식은 타이밍의 예술이다. 사는 타이밍과 파는 타이밍이 전부다. 분산 투자, 장기 투자는 그 다음이다. 분산 투자도 삼성전자, SK하이닉스, LG전자로 묶느니 차라리 IT나 ETF IT 섹터 투자가 낫다.

분산 투자는 금 10%, 주식 50%, 채권 30%, 현금 10% 식으로 투자상품의 방향성이 제각각인 상품들로 구성하는 것이 좋다. 이런 구성은 운용금액이 큰 경우에나 필요하다.

위기 때 자사주 매입

'위기(危機): 위태로울 위(危), 기회(機會), 시기(時期)'. 뜻은 '위태로운 시기'이지만 글자 자체에 기회가 들어 있다. 위기는 누군가에게는 기회다. 요즘 미분양 아파트를 매수하러 다니는 사람들은 '줍줍'이라는 표현을 쓴다. 진정한 줍줍은 IMF 사태 당시 경매로 나온 사거리 코너 빌딩과 대출이 많은 강남 아파트를 매수한 현금 부자들이고 금융위기와 이번 코로나 폭락장에서 대한민국 대표기업들을 믿고 삼성전자 4만 원대(2020년 8월 6일 기준 57,000원), 현대차 6만 원대(14만 원)에서 매수한 사람들이다.

위기 때는 어디가 바닥인지 아무도 모르지만 묵묵히 자사주를 매입하는 기업이나 회사 대표가 있다. 대기업이 자사주 매입을 결정하면 대부분 바닥에 가깝다. 유럽발 금융위기 때인 2013년 홈디포, 3M, 펩시 등 미국 대표기업들은 1조 달러에 가까운 자사주를 매입했다.

LG생활건강 차석용 대표도 2012~2013년 대표이사 개인 자격으로 LG생활건강 보통주와 우선주 수십억 원어치를 매수했다. 대표이사를 믿고 따라 매수한 패시브 수익률은 현재 400%가 넘는다. 이번 위기에도 현대차 정의선 수석 부회장은 3월 24일 개인 자격으로 자사주 190억 원어치를 장내 매수했다. 정말 대바닥에서 매수한 것이다. 3월 24일 코스피 지수는 1,609포인트, 현대차 종가는 74,800원이었는데 4개월 후인 8월 6일 코스피는 2,300포인트를 넘고 현대차는 14만 원대에서 거래되고 있다.

박현주 회장이 이끄는 미래에셋대우증권을 보자.

2020년 3월 20일, 468억 원어치 자사주 취득 결정

2020년 6월 5일, 1,086억 원어치 자사주 취득 결정

2020년 7월 30일, 1,134억 원어치 자사주 취득 결정

왜 이렇게 자꾸 사들일까? 우리 회사 만한 회사가 없다는 것이다. 코로나 위기이지만 개인 신용대출도 늘고 한도가 차 더 이상 못 빌려줄 만큼 장사가 잘 되면 주식거래량이 폭증하면서 회사 수익도 좋아질 수밖에 없을 것이다. 4개월 동안 미래에셋대우증권은 3,500원에서 9,000원까지 2.5배나 올랐다. 2분기에만 영업이익 3,871억 원을 거두었다. 사상 최대 실적이다.

참고로 미래에셋대우2우B는 의결권은 없지만 우선배당금으로 액면가 5,000원의 2.4%인 120원을 아무리 실적이 좋지 않아도 지급한다고 회사 정관에 공시되어 있다. 그런데 보통주의 작년 배당금이 260원이어서 미래에셋대우2우B도 260원을 받았다. 올해는 실적이 더 좋으니 배당금이 늘어날 가능성도 있다. 올해 자사주 매입으로 지급하지 않더라도 차기 이월해 주도록 되어 있다(120원++). 배당 성향이 좋고 주주친화적인 회사 주식을 아직 저렴한 가격에 매수할 기회다. 작년만큼 배당해준다면 배당수

익률은 5.5%다. 하락은 제한적이고 상승은 무제한인 채권 형태의 주식이다. 다만 주총 참석은 못한다. 자사주 매입이 모두 주가상승으로 이어지는 것은 아니지만 삼성전자도 20년 동안 자사주를 여러 번 매입했다. 최고점보다 낮지만 삼성전자만한 주식은 없었다. 금융위기 때마다 오너나 회사의 통 큰 매수를 따라하면 친구가 추천하는 소형주보다 안정적인 수익을 볼 것이다.

사진 출처: 네이버 미래에셋대우증권 1년간 차트

주식은 진정 신의 영역이다

'주식은 진정 신의 영역이다.' 테슬라와 애플, 나스닥이 오르는 것뿐만 아니라 넘사벽인 2,200포인트는 이제 지지선으로 여겨질 만큼 주식시장은 올라왔다. 실물경제는 바닥이고 실업자는 넘쳐나는데 의외로 금융시장은 침착, 아니 활발하다.

'월스트리트는 이익을 내고 있는데 실물경제는 고통을 받고 있다(Wall Street's Gain, Main St's Pain).'

주변에 주식투자로 이익을 본 사람은 드물다. 10년 후 투자자의 99%는 더 이상 투자하지 않고 있을 것이다. 거의 모든 자산을 잃었을 테니까. 도박과 주식시장에서 가장 위험한 사람은 처음에 큰 수익을 낸 사람들이다. 운(Luck, Fortune)을 실력(Skill, Ability)으로 착각해 첫 수익을 못 잊고 10년 동안 계속 손실을 보다가 '비밀 소스나 정보'를 얻어 손실을 만회하려다가 마지막 한 방에 가는 사람들…

> **기자쟁선(棄子爭先)**
>
> 바둑에서 '돌 몇 점을 버리더라도 선수를 잡아야 한다'라는 뜻으로 작은 것을 버리고 큰 것을 취하는 전략이 주식시장에서도 유효하다. 작은 것, 하락한 것을 버리고 큰 것, 상승한 것을 보유하는 전략이다.

100만 원을 A전자와 B전자에 각각 50만 원씩 투자했다. 만 원에 사서 20% 상승해 12,000원인 A전자와 20% 하락해 8,000원인 B전자로 60만 원과 40만 원이 되었는데 50만 원이 필요해 한 종목을 팔아야 한다면?

대부분 20% 상승한 A전자 50만 원어치를 팔고 B전자가 20% 상승해 본전 50만 원이 되면 팔아서 10만 원의 이익을 챙길 생각을 한다. 생각처럼 된다면 좋겠지만 1년 후 A전자 50만 원은 100만 원으로, B전자 50만 원은 25만 원이 되는 것이 주식시장이다.

예를 들어 애플과 롯데쇼핑을 보유하고 있었는데 급전이 필요하다. 애플이 많이 올라 이익을 실현하고 롯데쇼핑을 보유하는 것이 일반적이고 누구나 그럴 가능성이 크다. 하지만 애플은 더 오르고 롯데쇼핑은 답보하거나 하락하는 것이 주식의 속성이다.

물론 반대로 애플이 내리고 롯데쇼핑이 올랐을 수도 있다.

개별 주식을 산다는 것은 개별 회사의 주주가 된다는 뜻이다. 그 회사의 주가가 오르는다는 것은 회사가 꾸준히 성장할 수 있다는 것이고 반대로 지속적으로 하락한다면 최종적으로 그 회사는 매출액이나 영업이익이 지난해보다 줄거나 문제가 발생했다는 뜻이다.

애플, 테슬라, 네이버, 카카오 등 오르는 주식은 계속 오르고 은행, 항공, 여행 등 내리는 주식은 끝없이 내리므로 수익과 손실이 난 종목 중 매도해야 할 때마다 매우 어려운 결정이지만 나는 손실이 난 종목을 과감히 매도해왔고 앞으로도 그러려고 노력할 것이다.

주식을 수익으로 보는 것이 아니라 시가, 시세로 이해한 후 어느 종목을 매도할지 생각하면 된다. 이익과 손실을 배제하고 현 시점에서의 주식가치를 생각한 후 덜 오를 주식을 매도하는 것이다. 물론 쉬운 일은 아니다.

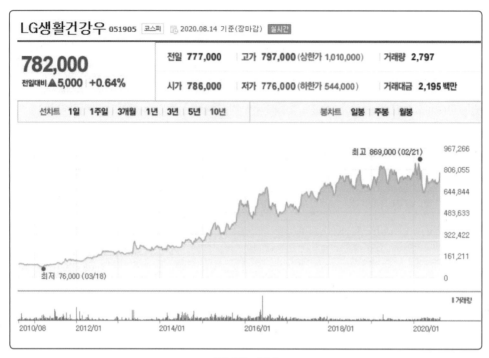

LG생활건강우 051905 코스피 2020.08.14 기준(장마감) 실시간

782,000
전일대비 ▲5,000 +0.64%

| 전일 777,000 | 고가 797,000 (상한가 1,010,000) | 거래량 2,797 |
| 시가 786,000 | 저가 776,000 (하한가 544,000) | 거래대금 2,195 백만 |

선차트 1일 1주일 3개월 1년 3년 5년 10년   봉차트 일봉 주봉 월봉

최고 869,000 (02/21)

967,266
806,055
644,844
483,633
322,422
161,211
0

최저 76,000 (03/18)

거래량

2010/08   2012/01   2014/01   2016/01   2018/01   2020/01

사진 출처: 네이버

LG생활건강우의 10년간 차트. 10배 이상 올랐다.

3장

한 번도
가보지 않은 길

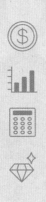

애플은 우리 나라 전체 상장사보다
더 큰 가치가 있을까?

2020년 8월 3일 기준으로 애플의 기업가치는 약 2,200조 원으로 사우디 국영기업 아람코를 제치고 세계 1위에 등극했다. 한국 코스피 전체 상장사의 가치는 약 2천조 원이고 삼성전자의 가치는 약 350조 원이다.

'애플 아이폰 = 삼성 갤럭시, 삼성이 더 빠르고 좋던데!'

애플의 사업구조는 아이폰 54%, 아이패드, 맥북, 에어팟 등이 8~10%이고 애플 TV, 뮤직, 페이 등이 약 17%다. 디자인, 브랜드 가치, 고객충성도(팬덤), 자체 iOS와 앱 스토어, 워런 버핏이 투자한 회사, 꾸준한 자사주 매입, 지속적인 배당금 확대 등의 주주친화적 정책, 회사 유보금 약 230조 원, 2분기 영업이익 15조 원(삼성전자 8조 원), PER 35(삼성전자 PER 10~). 그럼 애플을 팔고 삼성전자를 사야 하나?

2014년 애플 주가가 600~700달러였을 때 7:1로 분할해 100달러 밑에서 거래된 주가는 다시 400달러가 되었고 다시 4:1분할을 발표했다. 다시 주당 100달러에서 시작될 애플 주가는 분할하면 주식 수만 늘어날 뿐 기업가치가 변하는 것은 아니지만 심리적으로 4:1 분할 후 주당 100달러 밑으로 내려가진 않을 것 같다.

'수급은 재료에 우선한다'라는 증시 명언이 있다. 애플 수요와 삼성전자 수요는 다르다.

당신이 사우디 국부펀드에서 위탁받아 100조 원을 투자해야 한다면 어떻게 배분할 것인가? 먼저 선진국 증시와 이머징 마켓을 70:30으로 배분하고 IT:바이오:기타 업종에 40:40:20으로 배분한다면 28조 원(40% × 70조 원 = 28조 원)은 미국 나스닥, 12조 원은 이머징 마켓 IT기업에 투자할 것이다. 그렇다면 5조 원은 애플, 3조 원은 아마존, 2조 원은 넷플릭스… 이렇게 투자될 것이고 이머징 마켓에서는 텐센트, 알리바바 등에 10조 원, 삼성전자 1조 원, 소프트뱅크 1조 원이 적절한 배분이 될 것이다. 애플은 삼성전자보다 5배나 많은 투자자금이 유입되고 이런 펀드가 5개 더 있으면 25조 원이 애플, 5조 원이 삼성전자에 투입된다. 수급 규모 자체가 다르다.

테슬라는 매출도 거의 없는데 왜 기업가치가 높을까? 최대 액티브 펀드인 ARK Innovation ETF의 테슬라 비중은 10%다. 캐시 우드(Cathie Woods)가 창업한 ARK 인베스트는 파괴적이고 혁신적인 기업에만 투자하는 것으로 유명하다.

2024년 테슬라 주가는 7천달러에 이를 것으로 최근 전망되었다. 기업가치는 약 천조 원이 된다. 도요타의 시총이 200조 원이니 도요타의 5배라는 말이다. 개인적으로 테슬라나 ARK를 믿는다면 홀딩하고 아니라면 투자하지 않으면 된다. 중요한 것은 캐시 우드가 운용하고 실제 운용수익이 좋다는 점이다.

ARK ETF들은 4차산업, 핀테크, 이스라엘 혁신기업, 인공지능, 우주탐사, 게놈혁명(유전공학) 등 '파괴적 혁신'에 투자한다. ark-funds.com에서 자세히 살펴보는 것도 좋겠다. 주식시장에서 가장 중요한 것은 수익률인데 2020년 8월 3일 기준으로 ARK

Innovation ETF는 3월 15일 최저점 대비 3배나 올랐다.

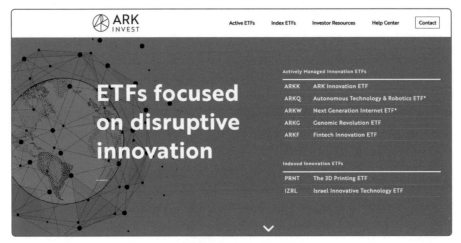

사진 출처: ARK-Funds.com

전 세계 국부펀드(국가가 연금 지급을 위해 운영하는 펀드)의 총 투자금액은 약 10조 달러 (1경 원)인데 사우디 국부펀드가 코로나 폭락장에서 미국의 호텔, 카지노, 크루즈, 항공사 등을 매수했다고 한다. 10년 전 셀트리온과 셀트리온 헬스케어에 투자해 엄청난 수익을 올리고 지난 4월에도 블록딜로 셀트리온 지분을 계속 정리한 싱가포르 테마섹 (Temasek)도 국부펀드다.

노르웨이 국부펀드(자산운용 약 1,500조 원)는 우리가 아는 노르웨이의 이미지처럼 하이트진로, KT&G와 같은 술, 담배, 도박 관련주에는 투자하지 않는 것으로 알려져 있다. 그 대신 친환경 대체에너지 등에 많이 투자하는데 대체에너지와 친환경 펀드를 운영하려면 테슬라를 담을 수밖에 없다.

노르웨이는 영국과 함께 북해유전을 가지고 있고 여기서 나오는 모든 수익은 국부펀드에서 운영한다고 한다. 미래를 위해 애플, 아마존 등에 투자하고 있다. 산유국인 노르웨이의 휘발유 가격은 우리나라보다 비싸다. 술은 마을의 지정 장소에서 한정된

수량만큼만 살 수 있다. 10년 전에도 담배 한 갑에 약 6천 원을 낸 기억이 있다.

ARK펀드, 노르웨이 국부펀드, 한국의 뛰어난 개인 직구 투자자들, 웨드부시 (Wedbush) 증권사의 댄 아이브스(Dan Ives)가 테슬라의 목표주가를 2천달러까지 올린 점으로 미루어 애플을 팔고 삼성전자를 사야 할까?

필자는 가격이 비싸다는 생각이 들어도 애플을 살 것 같다. 10년 후를 생각하면 애플은 사진, 음악, 방송 등을 아우르는 멀티미디어 기업으로 스마트폰과 맥북 등이 연동되면서 지금 사용하는 스마트폰보다 레벨업되어 있을 것 같다.

테슬라는 거품일까? 주식시장의 일반적인 지표로는 테슬라를 설명할 수 없지만 일론 머스크, 전기차, 자율주행을 조합해보면 우리가 한 번도 가보지 못한 세상을 그리고 있는지도 모른다. 테슬라는 자율주행 분야에서 큰일을 낼 것 같다. 미국에서만 잘 작동되고 운영되면 표준이 되니 한국에서의 작동 여부는 큰 의미가 없다.

단순한 전기자동차 회사가 아니라 뭔가가 있다. ARK 인베스트먼트의 캐시우드는 테슬라에 대해 미래의 동력인 움직이는 전기에 대한 선두적인 위치와 빅데이터를 통한 자율주행에 높은 점수를 주는 것 같다.

교사, 공무원, 의사, 변호사가 꿈이자 목표인 우리는 "어른이 되면 일론 머스크 같은 파괴적인 혁신가가 되고 싶습니다."라고 당차게 말하는 아이를 무엇으로 어떻게 평가할 수 있을까? 테슬라는 그런 아이와 같다. 우리가 한 번도 가보지 않은 길을 성큼성큼 나아가는 아이 말이다.

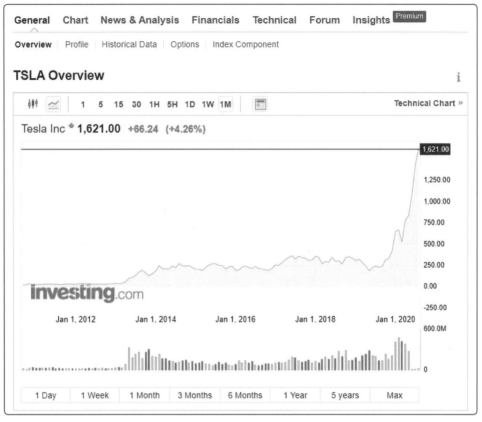

'2020년 5배가 오른 테슬라 주가'
사진 출처: Investing.com

테슬라 주식에 대해서는 '거품이다.' '더 오른다' 양쪽의 의견이 팽팽하다. 테슬라는 상징성이 큰 주식이다. 테슬라, 애플, 아마존 3총사는 2020년 금융위기가 올 수도 있었던 상황을 반전시킨 주역들이다.

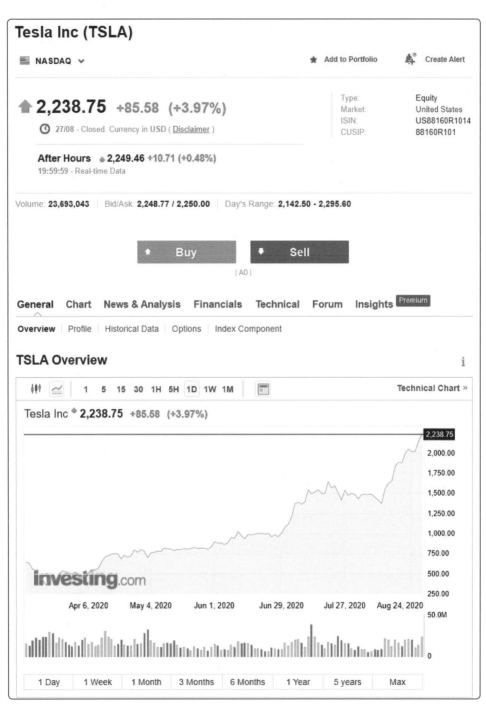

분할 전 테슬라 차트, 사진 출처: Investing.com

한 번도 가보지 않은 길
- 네이버, 카카오

나는 IMF 사태 당시 한국 씨티은행에서 벤처투자를 받아 '스터디월드넷'이라는 인터넷 서비스 회사를 설립했다. 데이콤이 서비스한 천리안에서 유학, 토플동호회 시삽(SYSOP: 현재 카페 운영자, System Operator의 약자)으로 활동했다. 당시는 전화선을 이용한 모뎀시대로 내가 온라인에 접속하고 있으면 우리집이 통화 중이고 전화요금만 20~30만 원이 나오던 시절이다. 그때부터 새롬테이터맨을 거쳐 ADSL로 이어지는 시기에 온라인 비즈니스를 시작한 덕분에 우리나라의 인터넷 변천사를 잘 알고 있다.

야후코리아, 라이코스, 엠파스 등 수많은 검색엔진 회사는 전지현이 TV광고한 네이버 지식인 서비스에게 검색을 넘겨주면서 인터넷 검색 왕좌를 네이버에게 넘겨주었다.

아이러브스쿨은 페이스북 스타일의 동창 찾기 서비스였는데 접속자가 너무 많아 실패한 케이스다. 장사가 너무 잘 되어 망했다. 페이스북은 아이러브스쿨에서 사업 아이디어를 가져왔을 것이다. 대기업에서 서버만 제대로 증설되었다면 아이러브스쿨은 현재의 네이버 자리를 차지했을지도 모른다. 프리첼도 유료화로 빠르게 전환하지 않았다면 어딘가에서 서비스하고 있을 것이다.

1. 스마트폰의 출현과 동시에 모바일 쪽을 장악한 네이버

2. SK텔레콤, KT, LGU+의 견제를 받았던 카카오 무료 문자 서비스

이제 우리가 아침에 일어날 때 네이버의 클로버가 알람을 주고 음악을 틀어준다. 카카오 택시를 불러 타고 카카오페이로 전송된 이디야 쿠폰으로 커피를 마시며 출근한다. 비내리는 점심은 네이버에서 스마트 검색으로 김밥을 배달시켜 먹고 네이버 쇼핑에서 부모님 선물을 구입해 보내드린다.

카톡으로 친구들 약속을 잡고 네이버로 맛집을 검색해 공유하고 네이버 지도로 보고 찾아가 저녁을 함께 하고 집에 돌아와 자기 직전 마지막으로 나스닥지수를 잠시 보고 자려는데 '오마이갓!' +5% 상승 중이라 아까 네이버 쇼핑에서 찜해둔 구두 주문을 '휘리릭' 끝내고 꿈나라로 떠난다. 네이버와 카카오는 우리가 한 번도 경험해보지 못한 회사들이다.

삼성SDS 벤처투자팀은 2002년 네이버(당시 NHN)가 코스닥에 상장한 후 지분을 모두 정리한 것으로 알고 있다. 정확하지 않을 수도 있지만 내가 기억하는 네이버는 두 번의 무상증자와 액면분할을 통해 2002년 월드컵 때부터 들고 있다면 100배가 오른 것으로 알고 있다. 미국 아마존도 분할 등을 고려하면 약 4천 배 오른 것으로 알려져 있다.

그럼 2002년이나 2010년에 왜 투자하지 않았을까? 사업모델이 인터넷 광고수익으로 한정되어서 네이버는 별로 돋보이는 회사가 아니었다. 지식인 검색을 위한 사용자

가 많고 트래픽도 엄청났다. 압구정동 성형외과들이 키워드 광고에 거액을 써 검색광고 매출이 높았다. 카카오톡이 나온 후로는 카카오톡에 대항하기 위해 라인(LINE)을 런칭했고 한국에서는 잘 안쓰지만 일본과 동남아에서 라인을 많이 써 주가가 레벨업되기도 했다.

하지만 카카오와 네이버의 뚜렷한 비즈니스 모델에 대한 구체적인 감을 잡을 수 없어서 주가는 현재보다 많이 낮은 시세에 거래되고 차화정의 롯데케미칼, 밀려드는 중국인 관광객으로 없어서 못파는 아모레퍼시픽, 호텔신라 면세점 등 당시 호령하던 주식들에 치여 뚜렷한 존재감은 없었다.

하지만 최근 몇 년 사이 카카오는 다음넷을 인수하고 로엔(현재는 카카오M, 인수가액 지분 78%, 1조 8,900억 원, 2016년 기준)뿐만 아니라 김기사, 바로 증권사 등 굶주린 사자처럼 내수시장에서 좀 될 것 같은 스타트업 회사들을 한 달에 하나씩 인수합병했다. 현재 카카오는 임직원 만 명에 100개가 넘는 계열사를 거느린 재벌이다. 삼성과 롯데보다 많은 계열사를 가지고 있다. 네이버도 20개가 넘는 계열사가 있다.

참고로 우리가 매일 앱에서 결제해 작다고 생각하는 쿠팡은 2020년 9월 기준으로 고용 인원은 3만 7천 명으로 기아자동차보다 많다. 쿠팡, 카카오, 네이버 등은 우리 예상보다 큰 회사들이다.

이 계열사들은 SNS의 비대면에 기초해 만화, 게임, 영화, 음악, 쇼핑, 증권, 금융 등 엄청난 사용자 기반에 방대한 컨텐츠 위주로 사람들이 네이버와 카카오에서 벗어나지 않고 다양한 니즈를 해결하도록 하고 있다.

시장 투자자들은 바로 이 점에 주목하고 미래가치에 투자하는 것이다. 현재 네이버가 벌어들이는 수익이 현대차와 기아차의 합산한 기업가치보다 클 수는 없다. 카카오는 KB지주와 신한지주를 합친 것보다 더 큰 가치를 부여받고 있다. 꿈의 가치, 미래의 가치. 우리가 한 번도 가보지 않은 길의 값을 쳐주는 것이다.

PER(Price Earning Ratio: 주당순이익), PBR(Price Book-Value Ratio: 주가순자산비율)과 같은 전통산업의 가치를 산출하는 것이 아니라 PDR(Price to Dream Ratio: 꿈, 희망과 비교한 주가)이라는 신개념을 적용하는 것이다.

최근 공모해 상장된 SK바이오팜은 매출액이 2천억 원이 되지 않고 적자 회사이지만 포스코보다 더 큰 기업가치를 얻었다. 10년 후 SK바이오팜이 수조 원의 매출에 수천억 원을 벌어들일 것으로 보는 것이다. 포스코는 코로나 사태 이후 사상 첫 분기 적자를 냈다.

몇 년 전 네이버가 롯데쇼핑을 앞서나갈 때 나는 네이버를 10만 원 언저리에서 매도하고 롯데쇼핑을 약 35만 원에 매수했다. 네이버는 3배 넘게 올랐고 롯데쇼핑은 -70% 손실을 보고 아직도 보유 중이다.

쇼핑 패러다임의 변화를 고스란히 느끼고 실제로 내 카드에서 결제되는 금액을 계산해보면 5년 전에는 롯데마트가 컸지만 지금은 네이버와 카카오 쇼핑에서 지출이 더 크니 주식은 거짓말하지 않는다. 정부 정책으로 기업분할이나 서비스 독점 문제가 제기되지 않는다면 네이버와 카카오는 계속 보유해야 할 주식 같다.

알리바바의 알리페이, 아마존의 금융시장 진입 등을 고려하면 이렇게 수천만 명의 사용자를 보유한 거대 소셜기업들은 비즈니스 모델을 서로 벤치마킹하며 지속적으로 엄청나게 성장할 것으로 조심스럽게 기대해본다.

2020년 코로나 최대 테마주 BBIG7
Bio, Battery, Internet, Game
삼성바이오로직스, 셀트리온, LG화학, 삼성SDI, 네이버, 카카오, 엔씨소프트

이 종목들의 시가총액 비중은 연초 10%에서 20%까지 올랐다. 코스피 지수 300

포인트가량은 이 종목들이 끌어올린 것이다. 그래서 타 종목 보유자들의 체감지수는 1,800포인트에 머물러 있다. 이래서 주식투자는 달리는 말에 올라타야 하는 것이다.

✏ 네이버와 카카오가 무서운 이유

사용자들의 발자국인 빅 데이터로 인공지능(AI)이 사용자에게 앞으로 나아갈 길을 제시해주는 것이다. 내가 삼성 노트북으로 검색하고 쇼핑몰에서 이것저것 둘러보고나면 잠시 후 HP 노트북이 11번가에서 할인행사 중이라는 광고가 보인다. 저녁 5시쯤 카카오페이는 '오늘 뭐 먹지?'라며 주변 배달 음식점을 소개해준다. 목도리 몇 개를 검색해보니 마음에 드는 게 하나 있다. 굳이 사지 않아도 되는데 'SALE, 오늘밤 12시까지만 30% 할인쿠폰'이라는 문자가 오면 굳이 사야 할 명분을 만들어준다. 맥주 옆에 안주를 진열하는 기초적인 판매 방법을 넘어선 쇼핑혁명이다. 위치 서비스에 기반한 쇼핑, 금융, 결제, 웹툰, 게임, 음악, 영화, 다양한 컨텐츠… 10년 후가 궁금해진다.

디즈니도 온라인

2020년 8월 디즈니(Disney)의 실적이 발표되었는데 2분기 적자가 5조 원으로 실적이 좀처럼 개선되지 않고 있다. 그런데 주가는 장중 10% 가까이 상승해 +8.8%로 마감했다.

디즈니의 OTT(온라인 스트리밍 서비스) 플랫폼인 디즈니+ 가입자가 빠르게 늘면서 약 1억 명에 달했기 때문이다.

디즈니 5천 7백만 명, Hulu 서비스(넷플릭스 같은 스트리밍) 3천 5백만 명, ESPN 스포츠 채널 1천만 명 등 엄청난 기존 컨텐츠 덕분에 순식간에 가능했다. 디즈니는 픽사(Pixar), 마블(Marvel), 스타워즈, 내셔널 지오그래픽, ABC, 20세기 폭스 등 방대한 컨텐츠를 보유하고 있으며 마블, 스타워즈, 디즈니는 타 컨텐츠들보다 충성도 높은 매니아가 많다는 장점이 있다.

최근 주가 움직임은 2가지 방향만 집중적으로 보면 된다.

기존 오프라인 기업이 온라인을 어떻게 접목시키고 온라인화되고 있는가(디즈니, 이마트)?

현재의 온라인 기업이 오프라인을 어떻게 흡수하고 진입하는가(카카오, 네이버)?

디즈니는 극장 개봉 예정이던 영화 '뮬란'을 29달러 99센트에 온라인인 디즈니+에서 개봉하기로 결정했다. 이처럼 오프라인 기업이 온라인으로 사업을 확장할 때 투자자들의 반응은 긍정적이다.

'쓱배송'으로 신선식품을 당일 배송하는 물류에 집중 투자한 이마트는 롯데쇼핑, 현대백화점, 신세계가 20%씩 떨어지는 와중에 유일하게 버텨주었다. 아모레퍼시픽도 무신사와 함께 펀딩하면서 네이버, 쿠팡 등 온라인 마케팅에 집중하겠다는 뉴스가 나오고 주가도 상승으로 방향을 잡았다.

온라인 회사들은 정반대로 오프라인 진출을 서두르고 있다. 온라인의 막대한 사용자와 빅데이터의 카카오와 네이버는 금융업 진출을 밀어붙이고 있다. 카카오뱅크는 내년쯤 카카오뱅크 IPO를 할 예정이고 확충된 자본을 바탕으로 타 은행들의 기준이 될 만한 신사업과 성과를 보여줄 것이다. 네이버도 보험과 대출시장으로 영역을 넓히는 중이다.

나이키, 아디다스와 같은 의류업체들의 온라인 매출은 작년 대비 폭발적으로 성장했다. 오프라인 매장들이 코로나로 인해 매출이 급감한 것은 굳이 말하지 않겠다.

'그레이트 로테이션(Great Rotation)'은 전 세계의 거대한 자금이 채권에서 주식으로 대전환이 일어나는 것으로 2012년 BOA와 메릴린치가 처음 사용했다. 그런데 이 그레이트 로테이션이 2020년 주식시장에서 일어나고 있는 것이다.

2000년 초 닷컴 버블 시기에 인간 게놈의 염기서열을 알아내는 데 9개월이 걸렸고 약 1천억 원이 필요했지만 20년이 지난 오늘날에는 1시간 만에 약 10만 원이면 된다.

손바닥만한 스마트폰으로 물건을 검색하고 결제하면 집에서 배송받을 수 있고 스마트왓치는 영화 '스타트렉'에서 보던 것과 다르지 않다. 타임머신을 제외한 20년 전 헐리우드 영화에 나왔던 모든 것이 현실이 되어가고 있다. 자율주행 자동차를 타고 가며 영상통화하는 장면, 많은 미래영화에서 나오는 맞춤광고, 가상현실, 인공지능, 블록체인, 클라우드, 증강현실, 나노테크놀러지… 빅 브라더.

사람들이 회사에 출근하고 퇴근한 후 서로 마주보며 이야기를 나누던 시절은 다시 오겠지만 재택근무, 온라인 수업, 화상통화 등은 새로운 일상화 '뉴 노멀'로 예상보다 빨리 다가왔다. 수천만, 수억 명이 자의반 타의반으로 온라인 쇼핑, 인터넷, 넷플릭스, 집콕을 경험했고 우려와 달리 쉽게 빨리 적응했다.

닌텐도의 실적이 전년 대비 6배 증가한 것은 집콕의 결과다. 이 거대한 변화 즉, Great Rotation은 금융시장에서 시작된 것이 아니라 인류에게 밀어닥친 거대한 전염병에서 시작되어 모든 산업 분야에서 온라인이 가장 중요해진 것이다. 디즈니도 온라인, 나이키도 온라인으로 거대한 변화 중이다.

경기침체는 끝났다

로이트홀트 그룹(Leuthold Group) 수석전략가 짐 폴슨(Jim Paulsen)은 경기침체(Recession)는 이미 끝났다고 확신했다. 그의 말이 맞다면 역사상 가장 빨리 경기침체가 끝나는 것이다.

- CNBC 인터뷰

하지만 대량실업은 그대로이고 자영업자는 힘들고 대기업은 코로나 때문에 자연스러운 구조조정을 했다. 재택근무, 온라인 비중이 확대되면서 비용절감효과도 나타날 것이다. 그래서 대기업과 온라인 실적은 더 좋아질 것이고 개인과 음식료 서비스 소매판매업은 앞으로도 힘들 것이다.

사상 최대 실적을 내는 기업들이 많아졌고 미국의 교외주택은 없어서 못 파는 실정이다. 개인소매 지출은 가구, TV 교체, 집수리 등 집에 머무는 시간이 많아진 데 투자되고 있다. 1. 실업률은 크게 나아질 것 같지 않다. 2. 소비침체는 없을 것이다. 3. 온라인으로 대규모 이동이 있을 것이다. 앞으로 내가 투자할 관점은 위의 3가지다.

차트는 과거일 뿐
예언이 아닌 예측을 하자

차트를 중시하는 투자자들이 많다. 차트를 아예 보지 않고 업계의 변화나 종목에 집중해 투자하는 투자자도 많다. 차트보다 기업 IR 자료(보통 홈페이지에서 찾을 수 있다), 전자공시시스템(dart.fss.or.kr)에서 회사 지분 변화나 재무제표를 보고 판단한다. 대주주와 임원의 지분 변화도 중요하고 주식 대량보유 보고서도 매우 중요하다. 개인이나 기관투자자가 5% 이상의 지분을 소유하거나 5%에서 1% 이상 변동하면 5영업일 안에 전자공시해야 한다.

국민연금은 네이버 지분을 11.53%에서 12.54%로 늘렸다. 2020년 2월 1일부터 4월 24일까지 약 160만 주를 매수했다고 공시했다. 6월 3일 다시 31,991주를 매수했다고 공시하고 7월 7일에는 45만 2,938주를 추가 매수했다가 8월 5일 17만 9,305주를 매도해 8월 7일 기준 지분율은 12.73%로 2020년 2월 1일에 비해 약 1.2% 높아진 것을 알

수 있다.

	보고서 작성기준일	보고자		주식등		주권		의결권 있는 발행주식 총수(주)
		본인 성명	특별관계자수	주식등의 수 (주)	비율 (%)	주식수 (주)	비율 (%)	
직전보고서	2020년 02월 01 일	국민연금공 단	1	19,009,214	11.53	19,009,214	11.53	164,813,395
이번보고서	2020년 04월 24 일	국민연금공 단	1	20,601,183	12.54	20,601,183	12.54	164,263,395
증 감				1,591,969	1.01	1,591,969	1.01	-550,000

자료 출처: dart.fss.or.kr

신문, 증권사에서는 개인투자자나 동학개미들이 네이버를 사서 올랐고 수익이 어떻다고 말들이 많은데 실제로는 2월 1일부터 8월 7일까지 외국인이 630만 주 매도, 개인이 440만 주 매수, 기관이 170만 주 매수(기관투자자 중 연기금이 210만 주를 매수했다. 금융투자는 100만 주 매도)한 것이 팩트다. 팩트는 개인과 연기금이 동시에 매수한 것이다. 개인투자자들만 네이버를 매수했다는 등의 선동기사에 휘둘리지 말자. 평균 20만 원으로 잡아도 4천억 원어치를 연기금이 매수한 것이다. 이 기간에 반값에 '줍줍'할 수 있는 싼 주식들이 널려 있는데 네이버만 왜 4천억 원어치를 매수했는지 한 번 생각해보자.

5월 7일부터 8월 7일까지 3개월 동안 연기금이 코스피에서 2조 원 가까이 매도하는 와중에 네이버는 약 40만 주, 1천억 원어치를 매수했다. 다른 것은 매도하면서 네이버는 왜 매수했을까? 내가 차트를 보조지표로만 삼는 것은 차트에는 나오지 않는 연기금이나 블랙록과 같은 해외 기관투자자들의 동향 때문이다.

물론 자신만의 노하우로 차트를 통해 미래를 예측해 큰 돈을 버는 분들도 있겠지만 결국 분봉, 일봉과 같은 차트는 시세가 움직이면서 '만들어가는 것'이라고 믿는다. 회사를 직접 탐방하고 경영진과 이야기를 나눈 후 집중 매수하는 주식은 예측의 영역이고 과거에 근거해 미래를 짐작하는 것은 예언의 영역 아닐까?

데드크로스가 발생했으니 폭락이 올 것이고 골든크로스가 발생했으니 무조건 상승에 투자했는데 이런 차트가 체질에 맞다면 차트를 보고 차트를 볼 줄 모르거나 골든크로스라고 읽었는데 아니어서 큰 손실이 났다면 다른 방법을 찾아보자.

차트와 같이 과거에 너무 매달리지 말자. 날아가는 새는 뒤돌아보지 않는다. 미국 선물시장을 보자. 지금 이 순간 한국 주식시장은 미국 선물시장과 99% 연동되어 움직이고 있기 때문이다.

차트는 참고만 한다

차트로 투자하는 분들이 워낙 많아 이것은 지극히 개인적인 생각이라고 매우 조심스럽게 밝혀둔다. 차트로도 충분한 수익을 올리는 분들도 많다. 주식도 결국 과거를 답습할 수밖에 없을 것이다. 나는 차트를 참고만 한다. 내가 주로 보는 것은 미국 선물시장이다. 나는 과거보다 현재의 흐름과 미래에 집중하는 스타일이다.

전통적인 굴뚝산업 종목들은 차트가 유용할지 모르지만 역동적인 4차산업 종목들은 차트로는 설명되지 않는다. 게다가 지금은 코로나 사태라는, 경험해보지 못한 특수 상황이다. 여기에 금융위기 당시보다 더 많은 유동성을 공급하는 정책이 수시로 나오다보니 과거의 차트보다 미국 선물시장에 의존해 매매하는 것이다.

미국 시장이 2% 하락하고 미국 선물시장이 -1%에서 -3%로 추가 하락 중인데 동시호가에 팔지 못했다면 그날 종가로 -5% 손실은 당연하다. 다음날 미국 시장이 2% 하락했지만 밤사이 시장에 긍정적인 정책이 나와 미국 선물시장이 +1%에서 시작해 꾸준히 우상향 중인데 이전 경험에만 의존해 미국 선물시장을 보지 않는다면 또 다시 -5%가 될까 봐 동시호가에 모두 매도해버릴 것이다. 모르니까.

장 마감 때 미국 선물시장이 +3%로 끝나 코스피가 +2%로 마감되어 이익을 볼 수 있는 상황을 모두 놓치게 된다. 미국 선물시장을 모르거나 보지 않고 투자하는 것은 눈을 감고 건널목을 건너는 것과 같다.

미국 선물시장과 연동된
한국 주식시장

미국이 기침하면 한국은 감기에 걸린다. 어제 미국이 큰 폭으로 하락하고 우리나라보다 일찍 시작되는 미국 선물(새벽 5~7시, 2시간 동안만 마감, 22시간 동안 거래 가능, S&P500, 나스닥100과 다우30도 있음)이 더 크게 하락하면 한국은 폭락으로 시작한다 (미국 -2% 하락 + 미국 선물 -1% 하락 → 코스피 -3% 하락 출발).

그런데 어느 날 미국 시장이 폭락했는데 한국 시장이 생각보다 잘 버틴다면 미국 선물시장이 낙폭을 만회하고 큰 폭의 상승을 하고 있기 때문이다 (미국 -2% 하락 + 미국 선물 +1.5% 상승 → 코스피 -0.5% 하락 출발).

인구가 많아 수출보다 자체 내수시장이 큰 인도네시아와 인도는 미국 증시와 디커플링되어 따로 움직인다. 일본도 엔화가 금, 스위스 프랑과 함께 최고의 안전자산으로 여겨져 엔화의 변동성에 따라 미국 시장과 따로 움직일 때도 가끔 있다. 반면, 대만, 한국, 싱가포르, 홍콩은 내수시장이 작고 수출의존도가 높아 약 90% 커플링(동조)되어 움직인다.

한국 주식시장의 기관투자자나 연기금은 외국인 매매에 비하면 존재감이 미미해 어쩔 수 없이 미니 선물시장과 약 95% 연동되어 움직인다. 미국 선물이 1포인트 상승하면 0.1~10초 정도 지연되어 코스피도 1포인트 상승한다. 어떤 날은 0.5포인트, 어떤 날은 1.5포인트 오른다. 변동 폭은 일정하지 않지만 방향성은 같다. 하락할 때도 마찬가지다.

미국 S&P500 선물

3,000에서 시작 → 3,001 → 2,998 → 3,003 → 2,995로 마감

코스피 지수

2,000에서 시작 → 2,003 → 1,997 → 2,005 → 1,995로 마감

S&P 미니 선물의 계약 단위는 'S&P 선물지수×50달러'다. 틱 단위는 0.25포인트, 틱 가치는 12달러 50센트이고 하루 거래대금만 200~300조 원에 달한다.

미국이 기침하면 한국은 감기에 걸린다

전날 미국 나스닥이 -3%나 하락했는데 오전 7시 미국 나스닥 선물이 추가로 -2% 하락하면 한국 코스닥은 -5% 이상 하락 출발하는 경우가 많았다. 그래서 미국이 기침(-3%)했는데 코스닥이 감기(-5%)에 걸리니 투자자들은 분하고 한국 증시의 체력이 약하다고 믿는 것이다. 미국 선물시장을 모른 채 투자하는 것은 눈을 감고 건널목을 건너는 것과 같다. 미국 선물시장이 파란 색인데 (미국은 주가 상승을 파란색, 하락을 빨간색으로 표시한다. 우리나라와 정반대다) **코스피를 매수하지 않고 어**

제 미국 시장이 하락해 파는 것이다.

뱅크런

　영화 '제이슨 본'(맷 데이먼 주연, 폴 그린그래스 감독) 초반에 아테네 시위현장의 긴박한 추격전 장면이 나온다. 니키 파슨스가 아셋(뱅상 카셀)의 총에 맞는 장면이다. 그 시위현장이 바로 2015년 7월 유럽 'PIGS' 중 G인 그리스(Greece)의 실제 상황이다. 미국 서브프라임 모기지 사태가 유럽으로 전이되어 그리스, 이탈리아, 스페인의 유로존 탈퇴 여부로 몸살을 앓으며 일부 국가는 위험한 도박을 벌였다.

　그리스 국민들은 국민투표 결과, 유로존 탈퇴가 확정되면 이전 드라크마 통화로 돌아가 최소 50~100% 헤어컷을 당할 것을 우려해 현금인출기 앞에 긴 줄을 섰다. 구제금융을 받는 대신 8천 유로 이상의 예금은 30% 삭감되고 공무원연금도 적게 받는 것으로 재조정한다는 말에 경찰까지 시위에 가세했다.

　스위스가 유로화 페그제(1.2프랑:1유로의 고정환율을 채택함. 안전자산인 스위스 프랑으로 너무 많은 수요가 일어나 스위스 중앙은행이 개입했다. 페그제를 포기한 순간 일시적으로 가치가 40% 올랐다가 1:1에서 거래되었다)를 포기하고 그리스 치프라스 총리가 사임함으로써 금융위기는 일단락되었다. 불과 10년도 지나지 않아 세계 경제 2위권인 유로존에서 뱅크런이 있었고 스위스 프랑이 하루에만 40%나 가치가 상승하는 등 전 세계 금융시장은 매 순간이 위기인 동시에 항상 기회가 있었다.

4장

실전 투자 기법

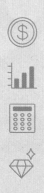

코스피 지수를 보지 말고
미니 S&P 지수를 보라

코스피는 미국 S&P500과 나스닥 선물을 추종하므로 코스피는 다우30이나 S&P500을 참고하고 코스닥은 S&P500과 나스닥100을 참고하면 된다(편의상 나스닥100으로 표기함). 코스피와 코스닥은 95% 같이 움직이고 5% 정도만 코스피는 오르고 코스닥은 내리는 경우처럼 미국 3대 지수 모두 90% 이상 방향성은 같다. 실시간 나스닥100을 볼 수 있는 대표적인 사이트로 investing.com이 있다. 모바일 앱 4.5/5점, 32만 건의 리뷰로 실시간 주식 시세를 볼 수 있는 사이트다.

오전 7시부터 9시 장 시작 전까지의 나스닥100의 흐름을 파악하면 코스닥 동시호가에 대처할 해석 능력이 생긴다. 미국 나스닥이 11,022포인트에서 -0.2% 소폭 하락한 11,000포인트로 마감했다. 그런데 오전 7시에 11,000포인트에서 시작해 8시 50분까지 11,200포인트까지 200포인트가 올랐다면 미국 정치권 이슈나 종목별 호재 뉴스가 있는 것이다. 나스닥100이 200포인트 오르는 동안 CNBC나 각종 뉴스를 재빨리 검색해 어느 종목이 수혜주인지 알아내야 한다.

페이스북이 좋은 실적으로 장 마감 후 거래에서 5% 상승했다면 오늘 코스피에서 네이버와 카카오로 매수세가 들어와 +3%가 될 확률이 높은 것이다. 미국 캐터필러가 오르면 한국은 두산 인프라코어가 실적과 상관없이 상승할 가능성이 크다. 다시 말하지만 가능성과 확률이 높은 것이고 나스닥100 지수의 흐름은 개별적으로 해석해야 한다. 상승했더라도 급락하면 그 이유를 재빨리 알아내 대처해야 한다.

나스닥100 추종 매매로 얻는 이득은 다음 3가지다.

첫째, 미국 페이스북이 5% 상승해 나스닥이 200포인트 상승하는 중인데 전날 -0.2%(22포인트 하락) 정보만으로 코스닥 하락을 예상해 인버스를 매수하거나 뜬금없이 '감'에 의존해 페이스북의 상승과 전혀 관련 없는 LG화학을 매수해 손실이 난다.

둘째, 오전 11시쯤 나스닥100이 11,000포인트에서 1분 만에 갑자기 10,500 포인트가 되었다. 그렇다면 보유 주식을 재빨리 처분하거나 코스피나 코스닥이 -5%를 아직 반영하지 못했다면 인버스에 재빨리 투자해 이익을 볼 수 있다. 코스피와 코스닥 시장이 나스닥100의 하락폭을 반영하지 못했다면 (점심시간에 기관투자자들이 점심을 먹는 중이어서 반응이 느리다거나) 충분한 하락폭을 반영하려면 단 몇 분이라도 먼저 반응할 수 있다. 따라서 남들보다 손실을 최소화하거나 하락에 베팅해 이익을 볼 수 있다. 이 하락의 이유와 하락폭 분석은 모두 각자의 능력에 달려 있고 1~5%의 예외도 있음을 분명히 알고 매매에 참여해야 한다.

셋째, 오전 11시 30분 100포인트가 오르면서 '뉴스 오보'나 '사실무근'으로 알려지는 것이다. 미국 나스닥100을 계속 보고 있다면 이 경우에도 코스닥보다 빨리 반응할 수 있다. 실제로 2020년 6월 23일 오전 10시경(미국 시각 22일 오후) 피터 나바로 미국 무역제조업 정책국장이 미중 무역협상 파기를 발언해 S&P가 순식간에 -1.2% 하락하고 코스피도 곧바로 30포인트 빠졌다가 트럼프 대통령이 트위터에 오보라고 정정하면서 곧바로 반등했다. 미국 나스닥100을 참고하지 않으면서 투자하는 것은 아예 시장의 흐름도 읽지 않고 투자하겠다는 것이다. 개인투자자가 돈을 벌지 못하는 것은 흐름을 모르기 때문이다.

망망대해에 나가 참치떼를 잡으려면 이제 '감'이나 '느낌'이 아니라 GPS와 어군탐지기를 사용해야 하지 않을까? 투자하기 전 하루만이라도 나스닥100과 코스닥의 움직임을 관찰해보자. 단 10초만 빨리 움직여도 충분히 대응할 수 있고 경쟁자들보다 큰 이익을 볼 수 있는 곳이 주식시장이다.

나스닥100, S&P500 선물시장의 등락과 그 이유를 재빨리 분석하는 능력을 키우자. 그리고 나만의 패턴을 찾아내 오전 9시부터 정오까지만 매매하거나 시초가만 공략하는 등의 투자 방법을 세우자.

* 나는 매일 밤 10시~12시까지 CNBC를 시청하고 미국 시장이 열리는 것을 1시간 정도 지켜본다. 그리고 새벽 4시쯤 일어나 장 마감 1시간 정도의 마감 시황도 놓치지 않으려고 노력한다. 마감 장의 '감'으로 우리나라의 개장 상황을 예상할 수 있기 때문이다. 큰 폭으로 상승하다가 장 막판에 허물어지면 그 이유를 재빨리 알아내야 한다. 우리 시장도 무너질 수 있기 때문이다.

나는 5시 30분에 시작하는 증권방송에서 오전 미국 시장 분석 정보를 보며 오늘 장의 방향성을 설정한다. 시간이 없어서 미국 시장을 볼 수 없다면 오전 6~7시쯤 미국 현지 특파원들이 전해주는 시황만이라도 꼭 듣자. 주식은 대응이다. 앙드레 코스톨라니의 명언처럼 '돈을 뜨겁게 사랑하고 차갑게 다루자'.

내가 산 주식만
오르는 방법

신기하게도 내가 산 주식만 안 오른다. 2012년부터 삼성전자만 올랐다. 너무 올라 무서워서 매수하지 못했고 삼성전기, 삼성SDI 등 삼성전자와 애플 관련 주식만 계속 올랐다. 그리고 차화정(자동차, 화학, 정유)만 올랐다. 현대차, 기아차, LG화학, 롯데케미칼, SK이노베이션, S-Oil, GS….

이번 상승장에서는 BBIG(Bio, Battery, Internet, Game)만 올랐다. 오직 7개 종목만.

삼성바이오로직스, 셀트리온, LG화학, 삼성SDI, 네이버, 카카오, 엔씨소프트.

내가 산 주식만 오르는 방법은 지수 관련 ETF나 테마 ETF를 사는 것이다. 가장 대표적인 KODEX200을 매수하는 것이다. 하락장이 예상되면 KODEX 인버스를 매수한다. 그럼 모든 주식이 하락하는데도 내가 산 KODEX 인버스만 상승한다. 더 자신이 있다면 섹터별로 매수한다. 반도체만 오르거나 2차전지만 오른 날도 많았다.

TIGER 2차전지 ETF나 KODEX 반도체를 매수하는 것이다. 은행주가 오를 것 같다면 KODEX 은행을 매수하는 것이다.

레버리지 ETF와 인버스2×는 KODEX200과 KODEX 인버스보다 거래금액이 많다. KODEX200은 하루에 2천~3천억 원이 거래되고 레버리지와 인버스2×는 7천억 원 넘게 거래된다. 한국인은 뭐든지 화끈해야 좋아한다. 주식도 투자하면 한 달에 2배는 되어야 주식하는 의미를 찾을 것이다.

1년에 20%, 한 달에 2% 수익을 내는 것은 주식투자의 의미가 없다고 생각하므로 매수한 지 일주일 안에 10% 이상 수익이 나지 않으면 초조해한다. 주식을 잘못 알고 잘못 배운 것이다. 그래서 개인투자자들이 손실을 보는 것이다. 주식시장에서 한 달에 1%라도 꾸준히 12개월 동안 벌었다면 실력이 있는 것이다. 아무튼 우리는 KODEX200 ETF보다 2배씩 등락하는 '레버리지'나 '인버스2×'가 체질에 맞다.

사진 출처: 네이버 KODEX 레버리지

KODEX 레버리지의 경우, 2020년 3월 19일 6,165원에서 2020년 8월 10일 15,355원으로 약 2.5배 올랐다. 1억 원을 투자했다면 2억 5천만 원이 되어 있는 것이다. 엄청난 수익이다.

미국 나스닥100 선물지수를 잘 분석해 1분 후의 상승과 하락을 예측할 능력이 있다면 KODEX 레버리지(122630)와 인버스2×(252670) 두 종목만 거래해도 된다. 하지만 이 종목들은 배당이 없고(NAV에 배당 및 펀드보수 등이 자연스럽게 녹아 있음) 장기 투자보다 단기 변동성이 클 때 적합하다. NAV는 주식가치, 현금, 배당수익, 이자, 펀드보수 등을 모두 계산한 순자산가치로 이론상 적정가치다. 1분 단위로 NAV가 결정된다.

KODEX200은 장기 투자에 적합하며 배당도 분기별로 이익분배금 형태로 지급된다(연 1~2%). KODEX200을 매수하면 지수와 같이 움직이므로 상대적 박탈감도 느끼지 않게 된다. 하락하더라도 지수만큼 하락한다.

사진 출처: 네이버 KODEX200

KODEX200은 3월 19일 19,581원에서 8월 10일 31,760원까지 상승해 이 기간에 1억 원을 투자했다면 1억 6천만 원으로 60%의 수익을 보았을 것이다. 주식투자에서 3~4개월에 60% 수익을 냈다면 대단한 것이다. KODEX200을 사면 삼성전자, 현대차, 네이버 등 우리나라 대표기업 200개를 비중별로 자동 매수해 보유하고 있다고 보면 된다. 1주(3만 원으로 가정)를 가지고 있다면 삼성전자 1만 원, 하이닉스 2천 원… 이런 식으로 보유한 것이다.

사람들이 만들어낸 이야기 같지만 삼성생명 본사 지하의 구두닦이 아저씨가 30년 동안 매일 벌어들인 돈으로 삼성전자 주식만 계속 사모아 현재는 수십억 원대의 자산가가 되었다고 한다. 이것은 삼성전자에 국한된 이야기일 뿐 지난 10년 동안 시가총액 상위 기업 대부분이 바뀌었다. 중소형주에 수십억 원을 투자했다면 하루 동안에도 급등락이 너무 커 제대로 잘 수도 없을 것이다. 10% 상승하면 상승한 만큼 꿈이 커지고 10% 다시 하락하면 그 꿈이 사라져 허망한 것이다. 10년 동안 삼성전자, 네이버, 일부 종목만 꾸준히 우상향했다. 나머지는 보합이나 하락이었다. 장기투자가 반드시 좋은 것은 아니다. 단기투자가 정답일 때도 있다. 주식에는 정답이 없다.

마음 편히 우리나라 기업(특히 삼성전자)들이 성장할 것 같다면 KODEX200을 매수하고 불황이나 주식이 하락할 것 같다면 손실이 났더라도 KODEX200을 매도해 현금으로 보유하는 것이 가장 좋다. 주식을 잘 안다면 인버스까지 편입시킨 하락 베팅도 방법이다. 상승장에서 레버리지, 하락장에서 인버스로 수익을 내면 좋겠지만 반대로 투자해 레버리지를 매수하는 순간 지수는 하락세로 돌아서고 인버스를 매수했는데 큰 폭의 상승세가 계속되어 손실이 커진다. 엄밀히 말해 홀짝처럼 쉬워 보이지만 그마저도 쉽지 않은 곳이 주식시장이다.

10년 동안 매도하지 말고
은행예금처럼 투자하라

정말 10년 동안 꿈쩍하지 않고 투자한다면 은행예금만큼만, 이자 3% 이상만 오른다면…

CJ 전환우선주, 아모레G 전환우선주가 있다. 이 두 종목은 10년 후 보통주로 전환된다.

CJ4우(전환) 00104K

2020년 8월 10일 기준으로 CJ 보통주가 82,400원에 거래되었는데 10년 후 보통주로 전환되는 CJ4우는 약 56%의 시세인 46,250원에 거래되었다. 10억 원인 압구정 현대아파트의 등기가 10년 후 넘어오는 조건으로 현재는 전세로 살고 5억 6천만 원에 매수하는 것과 비슷하다. 싸지 않은가? 단순 계산으로(10년 후에도 주식시장에서 같은 가격에 거래된다면) 1년에 약 3,600원(82,400원-46,250원=36,150원/10년=연간 3,615원)의 이익을 얻을 수 있다. 약 8% 상승하고 CJ의 배당금(4~5%)은 덤으로 얻을 수 있다. 하지만 10년 후 CJ 보통 주가 10,000원이 된다면 엄청난 손실이 날 것이고 CJ 보통주가 20만 원이 된다면 수익률은 최소 400% 이상이 될 것이다.

아모레G3우(전환) 00297K

이 주식도 아모레G 보통주는 55,100원, 전환우선주인 아모레G3우는 34,050원에 거래되고 있다. 2029년 12월말 보통주로 전환된다. 물론 시간이 지나면 할인율은 점점 소멸될 것이다. 현재 61% 시세에 거래되고 있는데 5년 후에는 81% 수준에서 거래될 것이고 시가배당률도 2% 이상이니 반값 아파트나 줍줍보다 이 주식들이 낫지 않을까?

물론 CJ와 아모레가 10년 후에도 최소한 현재 수준 이상이어야 한다는 조건은 붙지만 CJ와 아모레가 버티지 못할 정도의 경제 상황인데 강남 아파트만 100억 원이 된다는 것은 말이 안 된다. 물론 5년 전 아모레G는 20만 원을 넘었고 현재는 5만 원대에서 거래 중이니 1/4토막이 났고 공교롭게 CJ도 2015년 30만 원을 넘었다가 현재는 8만 원대에서 거래되고 있다.

KB국민은행, 신한금융지주, 하나금융지주, 기업은행, 우리금융지주 등의 현재 주가 수준은 배당수익률 5% 이상이다. 카카오뱅크가 신한금융지주만큼 성장하려면 어느 정도 시간이 필요해보인다. 키움증권은 오래 전 온라인이 되었고 현재 잘 나가지만 한국금융지주나 NH투자증권, 삼성증권 등 오프라인 기반 증권사들의 분기 수익도 대단하다.

모든 투자가 불안하다면 맥쿼리인프라(089980)가 대안이다. 이 종목은 인천공항 통행료 수입, 서울-용인, 논산-천안, 우면산터널, 부산항만 등 고속도로와 인프라에만 투자해 수수료(사용료)와 통행료를 분배해주는 주식이다.

사진 출처: 네이버 mcq

10년간 차트를 보면 괴물 같은 주식이다. 분배금(배당금)을 매년 5% 이상 나눠주고 있다. 10년 전 3,260원에 매수했다면 평가이익은 338%, 배당수익은 약 17%, 총배당수익은 170%다.

종합주가지수와 전혀 무관하게 반대로도 많이 움직이며 금융위기가 닥쳐도 하락하지 않는다. 배당투자의 절대강자가 바로 맥쿼리인프라다. 하지만 금리가 큰폭으로 오르면 매력도는 떨어질 것이다.

모든 주식은 위험하니 부동산 그 중에서도 상가나 오피스 투자가 답이라면 신한알파리츠, 롯데리츠, NH프라임리츠 등 리츠(REITs)에 투자하면 된다. 신한알파리츠는 이름에서도 알 수 있듯이 판교 알파돔타워IV(크래프톤 타워), 용산 더프라임이 기초자산이다. 용산에는 신한생명, 트랜스코스모스, 유베이스, DB생명 등 우량기업들이 임차 중이고 알파돔은 네이버, MUJI, 스노우, 워캐앤올, 신한투자, 신한은행 등 모두 IT업체와 금융사가 임차 중이다.

롯데리츠는 롯데그룹이 보유한 롯데백화점 강남점, 구리점, 광주점, 창원점과 몇몇 롯데마트가 투자자산으로 롯데가 모두 재임대해 운영하고 임대료를 지불하는 구조다. 예를 들어 김철수 씨가 현대아파트 단지 상가 101호를 직접 소유해 아이스크림 가게를 운영 중인데 주식투자 자금이 필요해 홍길동 씨에게 10년 동안 보증금 5천만 원, 월 200만 원에 임차하는 조건으로 10억 원에 판 것과 비슷한 개념이다.

NH프라임리츠는 서울역 앞 대우빌딩이던 서울스퀘어, 강남N타워, 삼성물산 서초사옥, 삼성SDS타워 등 초특급 입지의 알짜빌딩이 투자자산이다. 삼성 계열사, 금융사, IT기업들에게 임대 중이다. 리츠는 형식은 주식이지만 주식보다 상업용 부동산에 투자하는 것과 같다. 10억 원으로 상가 투자를 계획 중이라면 리츠상품에 관심을 갖는 것도 나쁘지 않을 것 같다. 대부분의 리츠 배당수익률은 4~6%다.

자산을 매각하면 운용사가 분배해주거나 재투자한다. 가까운 친구나 가족의 말을 믿고 동업해 상가에 투자한다면 절대적으로 리츠상품 투자가 옳다. 돈도 지키고 배당도 확실하고 친구, 가족과 등질 일도 없을 테니 말이다.

미국, 싱가포르 등에 투자하는 리츠로 ETF, ETN이 있다. 'TIGER 미국 MSCI 리츠(합성 H) - 182480'가 그나마 유동성이 좋은 편이다. 배당 위주의 상품이므로 연금저축 계좌나 퇴직연금 계좌에서 거래하면 15.4% 배당소득세가 과세 이연된다. 훗날 연금을 받을 때 연금소득세 형태의 저율로 과세된다.

나스닥100, S&P500

지난 10년 동안 한국 코스피는 1,800~2,200포인트 박스권에 갇혀 있었다. 이 기간 동안 삼성전자와 차화정만 수익을 냈고 개인투자자는 많이 떠났고 사람들은 코스닥에서 한 달 만에 2배가 될 종목만 찾아다녔다. 그런데 미국은 나스닥과 S&P500 모두 우상향이다. 끝없는 우상향.

트럼프 대통령의 감세정책, 기축통화로서 달러의 위상, 안전자산인 미국 주식시장으로 몰리는 현상, 아마존, 애플과 같은 빅테크 기업들의 엄청난 실적과 기술력, 리쇼어링(해외에 나간 기업들이 미국으로 복귀하는 현상), 현대차(앨라배마), 기아차(조지아), 삼성전자(텍사스 오스틴), SK이노베이션(조지아), 롯데케미칼(루이지애나), 한국타이어(테네시), LG전자(테네시), 삼성가전(사우스 캐롤라이나) 등 한국 기업들의 매년 100억 달러 이상 투자 등이 진행되는 상황이다.

미국은 세계 최대 소비시장이면서 경제성장률이 매년 3%에 육박하니 우상향하지 않을 수 없었다. 미국은 코로나 피해가 가장 심했지만 백신과 치료제를 거의 독점적으로 가져갔다. 결국 전 세계 자본과 기술력, 인재들은 앞으로도 수십년 동안 뉴욕과 캘리포니아로 다시 몰려들 것이다. 중국이나 유럽연합(EU)이 미국을 대체할 수 없음이 위기 때마다 증명되고 또 증명되고 있다.

한국의 KODEX200과 코스닥150 중 어디에 투자할지 고민이라면 나스닥100에 투자하거나 S&P500에 10년 동안 묻어두는 것은 어떨까? 나스닥100에는 애플(AAPL), 어도비(ADBE), AMD(AMD), 암젠(AMGN), 아마존(AMZN), 액티비전 블리자드(ATVI), 바이두(BIDU), 바이오젠(BIIB), 부킹닷컴(BKNG), 코스트코(COST), 시스코(CSCO), 일렉트릭 아츠(EA), 이베이(EBAY), 익스피디아(EXPE), 페이스북(FB), 길리어드 사이언스(GILD), 구글(GOOG), 인텔(INTC), JD.com(JD), 램리서치(LRCX), 룰루레몬(LULU), 메리어트(MAR), 마이크로소프트(MSFT), 마이크론 테크놀러지(MU), 넷플릭스(NFLX), 엔비디아(NVDA), 펩시(PEP), 페이팔(PYPL), 퀄컴(QCOM), 테슬라(TSLA) 등 혁신과 창의에 바탕한 대표적인 IT, 바이오 기업들로만 구성되어 있다.

다우30은 애플, 아멕스, 보잉, 캐터필러, 시스코, 쉐브론, 디즈니, 다우, 골드만삭스, 홈디포, IBM, 인텔, 존슨앤존슨, JP모건, 코카콜라, 맥도날드, 3M, 머크, 마이크로소프트, 나이키, P&G, 트래블러스, 유나이티드 헬스케어, 비자, 버라이즌, 월그린부츠 얼라이언스, 월마트, 세일즈포스, 허니웰, 암젠으로 구성되어 있다.

S&P500은 다우30과 나스닥100의 중간 포지션을 취하고 있다. 애플, 마이크로소프트, 아마존, 페이스북, 구글, 버크셔 해서웨이, 존슨앤존슨, 비자, P&G 등 미국을 대표하는 500개 기업이 모두 들어가 있다고 생각하면 된다.

앞으로 1주일 후, 1개월 후, 1년 후, 10년 후처럼 자신의 투자 기간을 정하고 한국에 투자하고 싶다면 KODEX200을 사면 되고 미국에 투자하고 싶다면 TIGER 미국 다우존스30⁽²⁴⁵³⁴⁰⁾, TIGER 미국 나스닥100을 매수하면 된다.

해외 ETF도 매우 다양하다. 미국 S&P500의 바이오, 산업재, 에너지 섹터에만 투자할 수 있고 원유 생산기업, 4차산업, 고배당, FANG+(페이스북, 아마존, 넷플릭스, 구글+테슬라), IT톱5(애플, 구글, 아마존, 페이스북, MS) 등을 매수하면 된다. 미국 외에도 일본, 중국, 유럽, 인도, 베트남 등 다양한 투자 기회가 있다. 다 좋은 주식이고 성장 가능성도 있겠지만 KODEX200과 나스닥100 두 종목만 권하고 싶다. 가장 많이 거래되고 있어 유동성도 좋고 괴리율도 낮기 때문이다.

** 애플을 보면 웬만하면 매수하게 되어 있다. 즉, 전 세계 천문학적인 투자 자금이 어디로 향하든 최상위에는 애플이 있다. 전 세계 자금이 개별 종목보다 ETF를 통해 투자되므로 애플에 대한 매수, 매도세는 엄청나다고 할 수 있다.

몇 년 후 미국이나 유럽에서 다시 금융위기나 실물 위기가 온다면 맨 먼저 매도할 것은 이머징 마켓 ETF일 것이다. 나의 투자 포트폴리오가 삼성전자, LG전자, 포스코, 바이오메가테크, 인터바이오IT솔루션, 넷바이오전자라면 현금보유량, 매출액, 사업구조 등 다양한 요소를 고려해 바이오메가테크, 인터바이오, 넷바이오전자를 먼저 팔고 삼성전자는 맨 마지막에 팔지 않을까? 그래서 이머징 마켓에서 나온 매도물량에 삼성전자가 맨 먼저 시달리는 것이다.

**** ETF에서 (H)가 붙은 것은 합성, 환헷지 상품이다. H가 있으면 환율 방어 상품이고 H가 없으면 환노출 상품으로 환율 변동의 영향을 받는다. 양날의 칼과 같으므로 환노출 상품은 환율 변동에 따라서 이익이나 손실이 날 수 있다.

A 나스닥100 ETN (H): 환율 변동의 영향이 없음

B 나스닥100 ETN: 환율 변동의 영향을 받음

미국 나스닥100이 30% 폭락하고 원/달러 환율이 1,200원에서 2,000원으로 오른 경우,

A 나스닥 10,000원 → 7,000원

B 나스닥 10,000원 → 11,662원(7,000원X1.666 환율 상승분)

미국 나스닥100이 5% 상승하고 환율이 10% 하락한 경우,

A 나스닥 10,000원 → 10,500원

B 나스닥 10,000원 → 9,450원(10,500원X0.9(10% 하락))

실제로는 운용수수료와 환헷지 비용 등을 감안해야 하지만 단순 계산했을 때 위와 같이 상승에도 불구하고 손실이 나거나 반대로 폭락하더라도 수익이 날 수도 있다.

ETF와 ETN 거래 시 유의사항

ETF와 ETN 상품은 원금 손실 위험이 크므로 증권사에서 약정된 계좌에서 거래하려면 ETF 상품에 대한 안내자료를 읽고 '동의'를 몇 번 눌러야 한다. 주식은 수익만큼 손실이 날 수도 있다. 그만큼 변동성이 커서 개인투자자의 눈물과 피를 먹고 자란다는 것이다.
ETF와 ETN은 상품 구조를 파악하지 못하면 매우 위험한 상품이므로 증권사에서 제공하는 안내자료를 반드시 꼼꼼히 읽어보자. 최근 가장 위험한 상품은 레버리지와 인버스2X WTI 상품이었다.

신한 레버리지 WTI원유 선물 ETN(H) 500019 코스피 📈 2020.08.13 14:17 기준(장중) 실시간

330
전일대비▲5 +1.54%

전일 325	고가 340 (상한가 515)	거래량 10,206,565
시가 330	저가 330 (하한가 135)	거래대금 3,418 백만

선차트 1일 1주일 3개월 1년 3년 5년 10년   봉차트 일봉 주봉 월봉

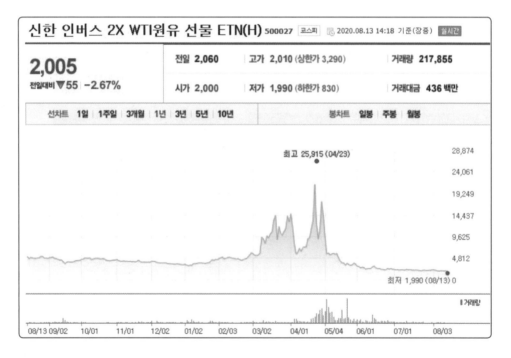

신한 인버스 2X WTI원유 선물 ETN(H) 500027 코스피 📈 2020.08.13 14:18 기준(장중) 실시간

2,005
전일대비▼55 -2.67%

전일 2,060	고가 2,010 (상한가 3,290)	거래량 217,855
시가 2,000	저가 1,990 (하한가 830)	거래대금 436 백만

선차트 1일 1주일 3개월 1년 3년 5년 10년   봉차트 일봉 주봉 월봉

신한 레버리지 WTI 원유 선물 ETN(H)은 환헷지가 되었음에도 불구하고 2020년 1월 8일 15,510원 최고가에서 현재 330원으로 원금 전액을 잃었다. 인버스 2× WTI 원유 선물도 2020년 4월 23일 최고가 25,915원에서 현재 2,000원에 거래되고 있으니 무려 90%의 원금을 잃었다. 더 중요한 것은 회복 불능 구조가 되어버렸다는 것이다.

WTI가 6월 인도분 선물가격이 마이너스로 돌아선 사상 초유의 사건이 발생하고 개인들의 엄청난 자금이 몰려들면서 LP가 제대로 작동하지 않았고 중간에 6월물을 9월물로 변경하는 등 여러 상황들까지 겹치며 모두 손실을 보게 되었다.

애플 단 한 종목만 계속 오를 것 같은 확신이 100% 든다면 미국 시장이 열리는 동안 현재 사용 중인 증권사의 앱 상단의 종합메뉴 중 해외주식에서 매수, 매도 주문을 내면 된다. 밤 11시 30분부터 새벽 6시까지다. 서머타임 적용 때는 밤 10시 30분부터 새벽 5시까지다.

한 가지 주의할 점은 수수료, 환전수수료, 그리고 가장 큰 양도세와 배당소득세다. 국내 상장 해외 ETF(KODEX, 나스닥100, S&P500 등)의 경우, 매매차익에 대한 배당소득세 15.4%가 있고 연간 수익이 2천만 원 이상이면 금융소득 종합과세 대상에 해당되므로 다음 연도 5월 31일 종합소득세 신고 때 함께 신고해야 한다.

워런 버핏의 버크셔 해서웨이 직접 매수하기(해외주식 매매하기)

전 재산을 애플에 몽땅 걸고 싶거나 아마존만 유일하게 상승할 것으로 판단해서 직접 투자해야 한다면 해외주식계좌를 통해서 해당 종목을 매수하면 된다. 예를 들어 투자 자금 1억 원을 애플, 아마존, 마이크로소프트, 구글, 테슬라에 각각 2천만 원씩 투자하는 것이다.

한국 분들이 요즘 많이 투자하는 종목인 '인베스코 QQQ'는 이런 번거로움 없이 애플 13%, MS 11%, 아마존 11%, 페이스북 5%… 엔비디아, 페이팔, 넷플릭스, 테슬라에 2%, 나머지 50%는 나스닥100에 투자하고 있다. 하루 거래대금이 10조 원에 달하는 대표적인 나스닥100 투자 종목이다.

해외주식은 대부분의 증권사에서 취급하므로 계좌를 따로 개설할 필요 없이 현재 사용 중인 증권사 앱의 '찾기' 메뉴에서 '해외주식'을 찾아 '동의'를 누르면 미국 주식시장이 열렸을 때 직접 거래할 수 있다. 직접투자 시 유의할 점은 양도소득세다.

우리가 거래하는 대부분의 주식계좌는 거래세와 수수료가 자동 차감되어 신경쓸 부분이 없고 배당이 입금되어도 원천징수된 후이므로 이자와 배당소득이 연간 2천만 원이 넘지 않는다면 세금을 따로 신고할 필요가 없다. 한국 배당소득이 약 2%이니 7~10억 원 이상 보유해야만 신고 의무가 발생한다. 이자와 배당소득을 신고할 정도라면 주거래 은행이나 증권사에 부탁하면 알아서 해줄 것이다. VIP이므로.

미국 주식으로 1년에 250만 원 이상 수익이 났다면 이듬해 6월 말까지 양도소득세를 신고해야 한다. 애플에서 천만 원 수익이 나고 아마존에서 -200만 원 손실이 났다면 총수익은 800만 원이다.

- 매도 총금액 1억 원

- 매수 총금액 9,200만 원

= 총 매매차익 800만 원

- 필요 경비(거래수수료, 환전수수료 등)

- 기본 공제 250만 원(부동산과 별개로 받을 수 있음)

= 과표 금액X22%

= 양도소득세 약 120만 원 나옴

물론 매도하지 않으면 수수료나 양도소득세도 없다. 매년 분할매도해 기본 공제를 받는 것도 소액 투자자라면 고려할 수 있지만 주식은 세금보다 타이밍이다. 내년에 낼 양도소득세 60만 원 아끼려다가 100배가 넘는 -6천만 원 계좌(애플과 아마존도 하락할 수 있고 원금 1억 원이 4천만 원이 될 수도 있다)를 쳐다만 볼 수 있는 것이 주식투자다. 양도소득세는 증권사에서 대부분 자동으로 계산된다. 일단 주식으로 수익을 내고 아마존으로 대박이나 증권사에 양도소득세 신고를 하고 싶다고 전화하자.

2020년 1월 1일부터 12월 31일까지의 총거래를 2021년 5월 31일까지 신고하면 된다. 국세청 홈택스에서도 가능하며 증권사 앱에서 거래신고 대행서비스 메뉴를 찾아보면 된다.

양도세가 번거롭거나 22%가 너무 높다고 생각되면(1년에 250만 원 이익은 면세) 반드시 애플, 테슬라, 아마존을 사야 하는 투자자가 아니라면 거래소에 상장된 KODEX 나스닥100 선물(304940)에 투자하는 방법도 있다. 이익이 나면 원천징수 15.4%를 빼고 연간 수익이 2천만 원을 넘지 않으면 따로 신고할 필요는 없다. 나스닥100 선물(304940)은 애플, 테슬라, 아마존을 포함한 나스닥 최고 기업 100개에 분산투자하는 것과 같다.

최근 정부에서 국내 주식의 거래세를 매우 조금 낮추고 양도세를 신설하는 것을 검토 중이다. 많은 금액을 투자하는 경우, 증권사와 미리 협의할 필요도 있다.

부동산이든 주식이든 세법을 모르면 많은 세금을 내는 구조가 되었다. 부동산 양도소득세는 다주택자의 경우, 국세청 직원도 헷갈릴 만큼 함수에 가깝게 변했다. 주식, 부동산 투자 손실은 모두 투자자 몫이고 수익은 국가와 나눈다고 보면 된다.

국내 주식형 ETF(KODEX200)는 분배금(배당금)을 받는 경우, 배당소득세 15.4%를 자동으로 떼고 지급된다. 국내 상장 해외 ETF(KODEX 나스닥100, KODEX S&P500, 상품 금, 은, 원유 등에 대한 ETF)는 ETF 매도 시점에 보유 기간 동안의 과표 증분과 매매차익을 비교해 둘 중 적은 값으로 과세표준액을 계산해 배당소득세 15.4%를 원천징수한다.

	매매차익	분배금(배당금)	금융소득 종합과세
KODEX200 (한국 주식 ETF)	비과세	배당소득세 15.4% 원천징수	해당 없음
KODEX 나스닥100 (국내 상장 해외 ETF 투자)	배당소득세 15.4% 원천징수	배당소득세 15.4% 원천징수	연간 2천만 원 이상
인베스코 QQQ (해외 상장 해외 ETF 투자)	양도소득세 22% (250만 원 초과분만)	배당소득세 15.4% 원천징수	해당 없음

국내에 상장된 해외 주식 ETF는 매매차익이 나면 소득세 15.5%를 증권사에서 자동으로 원천징수하고 소득이 2,000만 원 이상일 때는 금융소득을 신고한다. 해외 상장 ETF의 경우, 250만 원 초과수익 부분의 22%를 자진 신고해야 한다. 증권사에 무료 프로그램이 있는 경우가 많으며 양도소득세는 손실상계 처리가 가능하다.

아마존에서 천만 원 수익이 나고 애플에서 -300만 원 손실이 났다면

1,000만 원(아마존 이익)

- 300만 원(애플 손실)

- 250만 원(기본 공제: 부동산과 별개)

- 수수료 등 제외(10만 원으로 가정하면)

440만 원X 22% = 96만 8천 원 양도소득세 납부(2020년 1~12월까지 합산해 2021년 5월 신고 때 납부)

그리고 지난 1년 동안 2천만 원이 넘는 매매차익이 있다면(KODEX 나스닥100, KODEX S&P500 등 국내 상장 해외 ETF) 이듬해 5월말까지 종합소득세 신고 때 금융소득을 신고해야 한다. 이미 많은 소득세를 납부해 종합소득세 신고 때 봉급과 월세 등의 수익이 많으면 세금을 더 내고 소득이 적으면 아예 내지 않거나 돌려받는 경우도 종종 있다.

2천만 원 이상의 금융소득이 신고되면 의료보험과 국민연금이 피부양자에서 지역가입자로 전환될 수 있다. 금융소득을 포함한 종합과세 소득이 3,400만 원(양도소득이 100만 원이 넘는 경우) 이상인 경우, 분리될 수 있으므로 주의해야 한다. 더 자세한 사항은 세무서와 연금공단에 문의해 확인하면 된다.

국세청: 126번

국민건강보험공단: 1577-1000

국내 주식: 매도 시 매도금액의 0.25%(코스닥), 0.1%(코스피), 손실이나 이익 모두 과세, 배당을 받으면 배당소득세 원천징수 15.4%를 제외하고 입금한다. 거래 시 거래수수료는 증권사마다 다르지만 비대면 온라인 수수료의 경우, 평생 무료인 경우도 있지만 일반적으로 0.01%정도이다(증권사마다 다르다).

전화로 주문하거나 증권사 객장에서 주문하면 더 비싼 경우가 많다. 주문 금액에 따라서도 다르지만 수수료 때문에 증권사를 옮기면 새로운 주문 시스템에 적응하느라 손실을 볼 가능성도 크니 주문금액이 크지 않다면 자신이 가장 편하게 사용하는 앱으로 주문하는 것을 추천하고 싶다. 필자의 경우, 삼성증권이 평생 무료였지만 익숙치 않은 앱을 사용하면서 매도 주문을 실수로 매수로 주문해 큰 손실을 본 적도 있다.

국내 ETF: 매도 시 증권거래세가 없다. 수수료만 납부하지만 ETF는 운용수수료가 있다(KODEX200은 연 0.15%).

해외 주식: 증권사 수수료가 국내 주식보다 비싸다. 약 0.25%이며 환전수수료가 약 1%다. 증권사에 따라 최저 수수료가 있으므로 해외 주식은 한 번에 거래하는 것이 유리하다. 매월 10만 원씩 불입하는데 최저 수수료가 7달러라면 매번 만 원가량을 수수료로 지불해 나도 모르는 사이 9만 원만 적립될 수도 있다.

결국 어떤 형태로든 일단 거래를 하면 일정 수수료와 세금을 납부해야 한다(부동산에 비하면 매우 적은 수수료다). 그러므로 자주 사고 팔면 수수료와 세금을 많이 납부하게 된다. 하지만 수수료는 무시하고 거래하는 것이 좋다. 팔아야 할 때 팔고 사야 할 때 사는 것이 맞다. 배당소득이나 양도차익 등 소득이 확정되면 세금 15~22%를 낸다고 보면 맞다.

미실현 이익인 경우(매수해 평가이익은 크지만 아직 실현하지 않은 경우)는 아무 세금도 없다. 배당소득이나 양도차익(해외 투자 시만)이 발생하면 그에 따른 세금을 납부한다. 다행히 집이나 부동산은 소유 중에도 세금을 내지만 주식은 소유 중에는 세금이 없다(배당은 이익이 확정되었으니 세금을 낸다). 이 수수료와 세금은 앞으로 개편될 가능성이 있다.

나영끌 씨는 수익의 절반을
왜 세금으로 냈을까?

연봉이 5천만 원인 나영끌 씨는 '강남 아니면 한강'이라고 책상 위에 크게 써붙여 놓고 피나게 공부해 'TRUE 레버리지 나스닥100(570043) 1억 원어치를 6,710원에 과감히 매수했다.

그리고 5개월 후 17,770원에 매도했다. 잔고는 2억 6천만 원. 1억 6천만 원을 수익으로 챙겼다. 자신감이 생긴 나영끌 씨는 저축은행에서 연 10% 금리에 추가로 주택 담보대출 3억 원을 받고 장모로부터 2부 이자로 3억 원, 친구들에게 계좌를 보여주고 2부 이자로 총 10억 원을 만들었다. 모두 나영끌 씨를 믿었다. 코로나 위기에서 바이오-IT로 구성된 나스닥의 2배 상승에 베팅한 영끌이의 촉과 감을.

TRUE 레버리지 나스닥 100 ETN 570043 코스피 2020.08.14 기준(장마감) 실시간

17,540
전일대비 ▲365 +2.13%

| 전일 17,175 | 고가 17,570 (상한가 27,475) | 거래량 61,718 |
| 시가 17,420 | 저가 17,420 (하한가 6,875) | 거래대금 1,080 백만 |

최고 17,770 (08/07)

최저 6,710 (03/23)

사진 출처: 네이버 TRUE 레버리지 나스닥100 ETN

이번에는 TRUE 레버리지 S&P500(570022)에 10억 원을 투자해 또 5억 원을 벌었다. 그리고 나스닥100에 투자해 -3억 원 손실, 다시 S&P에서 1억 원 이익, 나스닥에서 다시 -2억 원 손실.

6개월 동안 수억 원을 투자해 새벽마다 미국 시장 상황을 들여다보느라 잠이 부족해 회사에서는 툭하면 부장님과 싸웠다. 금요일에 미국 시장이 폭락하면 주말 내내 살벌한 분위기가 조성되어 아내와 아이들은 장모님에게 간 지 오래다. 폐인이 되어가지만 엄청난 이익을 보고 있다는 사실만 생각했다.

다시 1억 원의 이익을 보았고 이전에 이득을 본 1억 6천만 원과 함께 최종수익은 2억 6천만 원이 되었다. 이제 폐인생활을 그만하기로 결심하고 계좌를 모두 정리하고 이자 등으로 천만 원을 지출하고 남은 순수익은 2억 6천만 원. 신 내림을 받은 것만 같았다.

옆동네 친구 '내자본' 씨도 나스닥 레버리지를 사고 싶었지만 '나영끌'이 점점 폐인이 되어가는 것을 보고 우리나라 대표기업 삼성전자와 현대차 1억 원어치를 사 몇 달 후 5천만 원의 수익을 보고 주식 앱을 지워버렸다.

2021년 5월 종합소득세 신고일이 왔다. 나영끌 씨는 1억 6천만 원+5억 원+1억 원, 총 7억 6천만 원의 금융소득을 올렸고 연봉과 합산해 8억 원에 대한 42% 소득세를 납부해야 했다. 3억 3,600만 원 세금. 나영끌 씨가 낸 15.4% 원천징수를 제하고 2억 원 조금 넘는 세금을 내야 했다. 나영끌 씨는 폐인이 되었고 아무 이득도 얻지 못했다. 반면, 내자본 씨는 아무 세금도 내지 않았다.

5장

아는 만큼만 보인다

＊＊＊

주식시장은 초절정 고수들이 모인 곳이다. 이곳에서 '사자'(매수)와 '팔자'(매도)가 하루에만 전 세계로 따지면 1조 달러가 거래된다고 한다. 파는 사람은 왜 팔고 사는 사람은 왜 살까? 이렇게 엄청난 거래가 이루어진다는 것이 신기하다. 어떤 투자자는 TV나 유튜브에서 수천 개 종목과 해외까지 합치면 더 많은 종목과 ETF 등에 대한 증권방송과 정보를 보고 책을 보고 차트를 공부한다. 무엇을 사고 무엇을 팔아야 할까?

여행을 떠나면 자신이 가진 지식만큼 느끼고 돌아오듯 주식도 아는 만큼만 보인다. 경북 영주 부석사 무량수전 배흘림 기둥에 기대어봐도 내게는 그냥 오래된 절의 기둥인 것처럼 주식시장에서도 '업황 개선 전까지 철저히 실적 모멘텀과 기업 밸류에이션에 따라 투자하고 5G 장비주들은 SKT 컨퍼런스 콜까지 홀딩하는 전략을 구사할 것'이라는 문구를 읽었다고 곧바로 해석되는 것은 아니다.

모멘텀: 주식이 상승할 때 추가 상승할 수 있다면 모멘텀이 강한 것이다. 요즘 '뜨는' 주식인 네이버, 카카오, 아마존 등의 성장주에는 모멘텀이 있다. 관성처럼 한쪽으로 움직이려는 주식들이다.

실적에 따른 모멘텀: 주식이 실적을 바탕으로 상승한 상태에서 다시 상승하는 것

밸류에이션: 기업가치를 평가하는 것. SK텔레콤, 한국전력, 신한지주 등의 주식들.

SKT: SK텔레콤

컨퍼런스 콜: 회사가 증권사 담당자들에게 실적 발표 등을 하는 것

홀딩: 보유

중요하지 않을 수도 있지만 리포트를 꾸준히 읽어보고 모르는 단어들은 찾아서 이해하면 금방 익숙해진다.

빅 사이즈에 투자하자

'울트라 바이오젠'이라는 회사가 생소하다면 바이오 ETF로 접근하자. 개인투자자들은 어느 정도 규모가 있고 사업 내용을 파악할 수 있는 회사에 투자하는 것이 바람직하다.

대형 마트에 가보면 하이트진로가 맥주만 만드는 회사가 아니라는 것을 알 수 있다. 하이트진로 회사가 궁금하다면 홈페이지 hitejinro.com을 방문해보자.

하이트진로홀딩스가 지배회사이고 (주)진로소주는 참이슬을 만드는 회사다. 하이트진로산업(주)은 포장용 유리용기를 만든다. 하이트진로음료(주)는 생수업체인데 석수, 블랙보리, 퓨리스 등의 물장사도 한다.

진로양조(주)는 탁주 및 약주 제조업체로 일본에 막걸리를 수출하며 블루헤런(주)은 골프장이다. 하이트진로(주)는 맥주 및 소주 제조업체로 와인과 맥주도 수입한다.

수입맥주 때문에 하이트진로가 고전할 거라고 생각한다면 크게 잘못된 생각이다. 롯데칠성, 하이트진로, 신세계, 롯데유통 등이 와인, 맥주, 위스키 등을 수입해 유통하고 있다. 한때 편의점에서 잘 팔리던 일본 기린맥주는 하이트진로가 수입해 유통한 것이다. 당연히 하이트진로 매출의 90% 이상은 참이슬과 테라에서 발생하겠지만 일본 기린맥주가 편의점에서 잘 팔려도 하이트진로 매출은 변하지 않는다. 연예인과 대기업 걱정은 하지 않아도 된다.

이마트는 대형 마트가 전부일까? 이마트는 이마트24 편의점 지분 100%, 에브리데이 99.28%, 스타벅스코리아 50%, 신세계푸드 46.87%, 신세계 프라퍼티 100%, SSG쓱닷컴 50%를 가지고 있다. 편의점에서 대형 마트까지 전부 소유한 엄청난 회사다. 신세계 프라퍼티는 어떤 회사일까? 스타필드를 소유한 신세계 부동산개발 회사다. 이마트의 마트 사업부는 부진할 수 있지만 온라인사업부 쓱닷컴, 신세계 프라퍼티, 스타벅스코리아의 성장세는 꾸준하다.

이처럼 기업을 하나씩 들여다보면 현재 가치보다 훨씬 큰 가치를 가진 경우가 태반이다. 삼성생명의 시가총액은 삼성생명이 보유한 삼성전자 지분보다 작다. 5조 원이면 삼성생명 경영권을 가질 수 있으니 5조 원으로 삼성전자까지 넘볼 수 있는 구조다. 물론 5조 원으로 삼성생명을 매수하는 동안 공시도 해야 하니 불가능하겠지만 이론상 애플이 주식분할을 한다고 하루에 불어난 가치가 100조 원이었다. 5조 원은 껌이다.

아는 사람에게 당한다

일부러 나를 속이려고 준 정보는 아닐 텐데 어디선가 주워듣고 입에서 입으로, 톡에서 톡으로 전해진 고급 정보는 사실상 저급 정보다. 주식은 '카더라'로 시작해 전부 털린다 카더라. 백신을 개발했다고? 어디서? 러시아에서. 못 믿겠어! 안 믿어! 임상 3상에 들어가 이번에 성공하면 대박이라는데. 그래서 성공했는데 다른 나라에서 안 팔아주면?

이 세상 많은 일들은 정치적이고 각자의 이익을 따지게 되어 있다. 미국 대통령만 보더라도 마스크 착용에 대한 잘못된 인식으로 그 책임은 대부분의 미국 국민이 지게 되었다. 아무리 좋은 치료제가 개발되었더라도 그것으로 이익이 창출될 때까지는 긴 시간과 과정이 필요하다.

내가 분석한 정보와 내 직감과 분석에 따르지 않는 투자는 도박과 같다. 다시 말하지만 돈은 소금물과 같아 아무리 마셔도 갈증이 해소되지 않는다. 처음 주식시장에 들어와 100만 원만 먹고 나가면 다시는 안 들어오겠다는 맹세는 지켜질 수 없다. 그러므로 어디선가 스치듯 들은 정보로 큰 이익을 보았다면 장담컨대 영끌까지 끌어모아 막연한 자신감으로 다시 더 크게 투자해 엄청난 손실을 볼 것이다.

손절할 수 있다고? 삼성전자 6천만 원어치를 샀는데 5,500만 원이 되어 500만 원 손실을 보고 팔 수 있다면 돈을 차갑게 대하는 것이다. 주식이 하락으로 방향을 잡으면 정말 끝없이 하락해 6천만 원이 2천만 원이 되는 데 걸리는 시간은 길면 3년, 짧으면 2개월이다. 주식은 정말 무서운 것이라는 것을 깨달았을 때는 이미 엄청난 수업료를 지불한 후여서 회복할 자산이 얼마 남아 있지 않게 된다. 가까운 친구 등 지인에게서 들은 정보는 모두 무시해도 된다.

운칠기삼

어떤 사람은 정말 아무렇게나 해도 돈을 벌어들인다. 은행은 예금과 적금, 대출 등 기본 업무 외에 가끔 캠페인으로 펀드 판매액이 직원들에게 할당된다. 대출받거나 은행원 친구가 있으면 안써도 되니 '카드' 한 장만 만들어 달라거나 10만 원짜리 펀드 하나 1년 동안만 들어달라는 부탁을 받아본 적이 있을 것이다.

◇◇은행 VIP 담당직원은 ○○ 사모님에게 중국 펀드와 골드펀드 중 하나에 가입하면 분산투자 효과도 있다고 설득했고 ○○ 사모님은 중국여행을 가보니 별로였다며 골드펀드에 5억 원을 넣겠다고 했다. 그리고 이듬해 미국발 금융위기가 왔고 그리스의 유로존 탈퇴로 인한 뱅크런 등이 뉴스에 등장하며 금 시세는 2천 달러에 육박했다.

◇◇은행 직원은 ○○ 사모님과의 상의 끝에 거의 12억 원 수준에 이른 골드펀드를 전부 환매해 삼성전자에 투자할 것을 권했고 ○○ 사모님은 직원의 권유대로 했다. 그 후 어떻게 되었는지 모르겠는데 2011년 삼성전자 10억 원어치를 사 지금까지 보유 중이라면 50~60억 원이 되었을 것이다. 원래 돈 많은 분이었지만 '운칠기삼'이라는 표현이 딱 맞다. 기술은 0, 운이 7.

당시 담당직원이 전부 환매하는 바람에 ○○ 사모님의 금융소득 7억 원이 잡혀 약 2억 원을 세금으로 냈는데 문제는 금융소득으로 인해 국민연금과 의료보험을 안 내다가 내게 되어 금감원에 민원을 넣었고 결국 담당직원이 대신 국민연금과 의료보험료를 1년 동안 낸다는 데 합의하고 민원을 취하한 사건이어서 지금까지 기억하고 있다.

또 다른 케이스로 잘 아는 여자 후배가 주식 종목을 골라달라고 노래를 불러 결국 한진칼과 서울옥션을 추천해주었는데 한진칼은 KCGI(Korea Corporate Governance Improvement: 지배구조 개선펀드, 강성부 대표)가 '땅콩사건'으로 기업 이미지가 나빠져 급락한 대한항공과 한진칼을 저가에 매수해 경영에 참가해 본격적인 상승을 시도하던 중이었다.

서울옥션은 뉴욕 크리스티에서 김환기, 이우환, 박서보로 이어지는 '단색화(Dansaekwha)'전을 개최하고 하나의 미술 장르로 자리잡아 박서보의 작품이 최초로 백만 달러를 넘는 등 세계 미술시장에 파란을 일으켰고 '프린트 베이커리'를 통해 저가 미술시장도 공략하는 등 기업개선 의지가 강한 우량 종목이어서 큰 부담 없이 두 종목을 추천해주었다. 반반씩 투자했다면 한진칼에서 어느 정도 수익이 났을 텐데 서울옥션에 몰빵했고 단색화에 대한 열기는 사드 보복으로 급격히 식어버렸다.

이 후배는 이번 코로나 위기에서도 레버리지와 인버스에 대해 설명해주었는데 원유 가격이 40달러까지 다시 가지 않겠느냐며 '신한 레버리지 WTI 원유 선물'을 2,000

원에 매수했는데 WTI 선물시장에서 -37달러까지 하락한 이후(원유여서 마이너스가 나왔다. 6월 인도분인 실제 원유를 인수해야 하는데 보관하거나 처리할 수 없어 돈을 더 주고도 원유를 가져가야 했기 때문이다. 금은 보관이 쉬워 마이너스가 나올 수 없다) 실물을 인수해야 하는데 인수할 수가 없어 롤오버와 900%에 가까운 괴리율까지 발생하면서 250원까지 떨어졌다. WTI가 상승하더라도 원금 회복이 불가능한 상품이 되어버렸다. 주식 운이 없는 케이스다.

실력이 아무리 좋더라도 운이 따르는 사람을 이길 수는 없다. 이들은 자기 주장이 강하지 않고 시장 흐름에 그냥 돈을 맡기고 장기간 열어보지 않는 특징이 있다.

모임이나 술자리에서 아모레나 CJ 전환주는 10년 후 본주가 2배가량 되어 3~4배가 될 거라는 우리의 지나가는 얘기를 듣고 '이거다'라고 판단해 과감히 올인한 사람들도 있었다. 모든 투자는 자신의 판단과 책임하에 하는 것이다. CJ와 아모레 전환주가 수익을 반드시 보장하는 것은 아니다.

도전 골든벨, 마지막 1억 원 문제입니다. 정답을 맞히면 1억 원을 획득하고 틀리면 100만 원을 기부하게 됩니다.

자, 50번 마지막 문제!

서양의 미니멀리즘이나 추상화와 달리 일체의 구상을 배제하고 반복적 행위를 통해 정신을 초월하는 한국만의 추상 개념을 정리한 미술 개념을 뭐라고 하나요?

'단색화!' 아, 맞습니다. 하지만 문제를 끝까지 들어보세요.

단색화라고 합니다. 우리나라의 단색화를 대표하는 화가로 김환기 화백이 있습니다. 다음 중 김환기, 이우환, 박서보와 함께 한국을 대표하는 단색화 화가가 아닌 분을 골라주세요.

1. 하종현 2. 윤형근 3. 정상화 4. 이장섭

정답 1번.

틀렸습니다. 100만 원을 기부하세요. 우리나라의 대표적인 단색화 화가로는 최근 크리스티 경매에서 132억 원에 낙찰된 김환기, 페이스 갤러리 소속의 점과 선의 화가 이우환, 반복적인 선 긋기로 자신만의 묘법 개념을 정립한 박서보 화백과 함께 미국의 추상파와 프랑스의 앙포르멜의 영향을 받은 정상화, 한국의 마크 로스코로 불리는 침묵과 숭고미의 윤형근, 캔버스를 마대로 사용하는 등 물성과 형태의 대가인 하종현 화백 등의 작품을 모두 단색화라고 합니다. 안타깝지만 다음 기회에 다시 도전해주세요.

외워두고 알아두면 분명히 삶에 도움이 될 만한 정보일 것이다. 퀴즈쇼의 마지막 문제는 음악이나 미술 문제가 많은데 클래식 곡을 들려주거나 미술 작품을 보여주고 작곡가나 화가의 이름을 물어보는 경우가 많다.

미리 사고 나중에 판다
- 시간외 거래

우리나라 주식시장은 오전 9시부터 오후 3시 30분까지인데 장전 시간외 거래는 오전 8시 30분부터 8시 40분까지 10분 동안 전일 종가로, 장후 시간외 거래는 오후 3시 40분부터 4시까지 당일 종가로 거래가 가능하다. 나는 주로 시간외 단일가로 거래한다. 월~금 오후 4시부터 6시까지 10분 단위로 거래가 가능하다.

유럽 주식시장은 서머타임 때는 4시, 늦가을부터는 5시에 시작된다. 영국은 미국의 베스트 프렌드다. 독일과 프랑스 특히 독일은 수출형 국가이므로 DAX지수를 챙겨서 봐야 한다. DAX, FTSE100, Euro Stoxx 50 지수에 따라 레버리지와 인버스에 투자한다.

우리나라 정규 장은 아시아 장이고 전날 미국의 영향을 받고 일본과 중국 시장의 변화와 미국 선물시장에 따라 움직이는 마무리 국면이라고 보면 되고 내일 미국 시장의 흐름을 읽으려면 DAX와 Euro Stoxx 50 지수를 보면 된다. 독일의 산업생산이나 기업 실적이 좋으면 유럽 시장 전체가 상승하고 그 상승 분위기가 미국 시장에까지 온기를 전해 미국 시장이 상승하는 경우가 많다. 내 경험상 약 60% 비슷하게 움직인다.

당연히 덩치가 더 큰 미국 시장이 열리면서 유럽 시장은 미국 시장의 영향권에 종속되지만 아무튼 우리가 접하는 뉴스, 기업 실적, 정책 변화 등이 유럽 시장이 열리면서 흘러나오기 시작한다.

2020년 8월 13일은 옵션 만기일이어서 변동성이 큰 데다 CNBC에서 폼페오 장관이 '틱톡과 위챗 외에 다른 것에도 행정명령이 영향을 미칠 것이다'라고 미중 무역분쟁 발언을 하는 바람에 오후 3시부터 30분 동안 거의 100포인트가 증발해버렸다.

예를 들어 DAX지수를 보는데 5시 10분쯤 갑자기 2% 하락하면 뭔가 엄청난 악재가 터진 것이고 결국 미국 시장 하락, 다음날 코스피 지수 하락으로 연속적인 영향을 미칠 확률이 높다. 이런 경우, KODEX 인버스를 시간외 단일가에 매수하는 전략을 쓴다. 삼성전자를 비롯해 시가총액 상위 20위권 종목들은 천만 원 단위 정도는 사고 팔 수 있다.

더 중요한 것은 독일 DAX지수에서 폭스바겐, 다임러 등 자동차 주식만 상승할 때가 있다는 것이다. 오후 4시에 판매량이 늘었다는 중국 자동차 수입자료가 발표되었다. 이럴 때는 지수보다 현대차를 시간외 단일가에 매수하는 전략으로 대응한다. 독일 차가 많이 팔렸다면 현대차도 비슷한 실적을 냈을 것으로 예측하는 것이다. 독일 시장의 상승 섹터와 하락 원

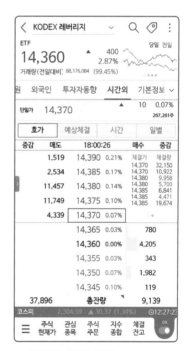

사진 출처: 한국투자증권 mts-kodex

인을 살펴보면서 미국 시장 개장 시간에 최대한 가까이 붙어 매매하는 전략이다.

　주식은 신의 영역이다 보니 유럽 시장의 상승이 미국 시장의 상승으로 반드시 이어지는 것은 아니다. 내 경험상 60%는 비슷하고 40%는 다르게 움직였으므로 여러 번 연습삼아 매매하면서 자신만의 투자 스타일을 만들어나갈 수밖에 없다. 잘 안 풀릴 때는 쉬자. 쉬는 것도 투자다.

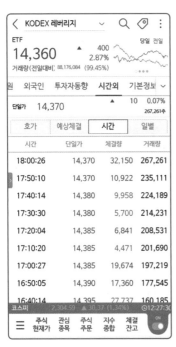

사진 출처: 한국투자증권

　시간외 거래는 10분 단위로 모아 거래한다. 꼭 사야겠다면 레버리지의 경우, 14,380원에 주문을 내더라도 체결은 14,370원에 될 가능성이 높다. 14,370원에 주문을 내면 수량과 주문시간에 따라 체결되지 않을 수도 있다.

　4시 40분 미국 선물이 상승해 14,395원에 거래되었다가 미국 선물이 급락해 오후 6시 14,370원으로 하락했다. 시간 외 단일가 거래는 오후 4시 10분부터 오후 6시까지 10분 단위로 호가를 모아 일괄거래된다.

144

시장에 대항하지 않고 대응만 한다

시장의 흐름을 타기만 한다. 돈에 집착하지 않고 돈을 쫓지 않는다. 가장 이상적인 투자자는 시장에 대항하지 않고 대응만 한다. 넘실대는 한강 물에 모래 한 알 던진다고 대세가 바뀌진 않는다. 물의 흐름을 파악하고 그 물길을 따라가면 이익을 보겠지만 근거 없는 자신감으로 똘똘 뭉쳐 강물의 흐름을 거스르면 온 몸이 물에 젖고 힘만 빠질 뿐이다.

'돈은 쫓으면 잡히지 않고 돈을 부려야 모인다'. 철저히 돈을 부리자. 아모레퍼시픽도 매수하고 강물이 언택트로 흐르는 것 같으면 재빨리 네이버와 카카오로 분산 매수하자. 네이버, 아모레, 삼성전자와 같이 전혀 무관한 종목을 담는 것도 분산투자이지만 네이버, 카카오를 반반씩 매수하는 것도 분산투자다.

주식투자에 정답은 없다. 분산투자 종목 10개보다 한 종목에 집중한 수익이 더 높을 수도 있다. 하락장에서 10개 종목 모두 우수수 떨어지는데 내가 매수한 네이버만 안 떨어질 수도 있다. 반대로 상승장에서 10개 종목 모두 오르는데 내가 산 미래프로 젠만 안 오를 수도 있다.

미국 주식 주문을 내다보면 15분 지연으로 상승장에서 체결되지 않고 하락장에서 체결되어 곧바로 추가하락에 따른 손실을 볼 것이다. 팔 때도 상승장에서는 쉽게 팔리고 팔고나면 더 오르는 경험을 한다. 우리나라 주식시장도 마찬가지다.

좀 더 넉넉한 가격에 주문하고 팔 때도 넉넉하게 주문을 넣더라도 달라질 것은 없다. 1992년 한국 주식시장이 외국인에게 개방되었을 때 외국인들은 주문을 팩스로 넣었다. HTS와 스마트폰 이전에는 전화나 객장에 직접 가 전표를 작성해 주문했다.

투자 기업이나 투자 환경이 오랫동안 가치가 있다면 서둘지 않고 천천히 넉넉하게 매수해도 된다. 다만 위기가 감지되면 미련 없이 시장을 떠나는 것이 중요하다. 내일 다시 수익을 내면 되니까. 아니면 1년 후에.

* 모든 투자는 자신의 판단과 책임하에 한다.

6장

주식 종목 선정하기

✱✱✱

회사명이나 사업 내용도 모르는 투자자도 많다.

"에코제닉로봇이 뜬대. 지금 만 원인데 작전주라서 100만 원 간다는데!"

"아크로뱃 코스메틱이 내년 나스닥에 상장할 거래!"

"고려바이오젠이 임상 3상에 들어가 이제 췌장암을 정복한다고 10배 뛴대!"

손실이 났다고 가정해보자. 나는 그게 더 나았을 거라고 생각한다. 수익이 났다고 가정해보자. 에코제닉로봇에 500만 원을 투자했는데 1년 만에 1억 원이 되어 모두 이익을 실현하고 가방 하나 사고 차도 한 대 뽑았다. 나머지 5천만 원은 내 노후자금으로 삼성전자에 투자할까? 그냥 예금해 묻어두고 필요할 때 쓸까? 아니면 아크로뱃 코스메틱에 투자하는 것은 어떨까!

또 이익이 나서 2억 원이 되었다. 그 다음은? 고려바이오젠이 췌장암을 정복한다는데 2억 원만 투자할까? 이 정도 소스를 받았는데 영끌해 5억 원을 넣고 딱 20억 원만 되면 그만두자. 자, 20억 원이 되었다. 만족하며 살 수 있을까? 한 번 더 튀겨? 강남 아파트에서 살고 싶은데 10억 원이 부족하다. 에코제닉로봇에 한 번 더 들어가야 하지 않을까?

반대로 2억 원이 되었는데 고려바이오젠이 문제가 생겨 상장폐지되었다. 내 2억 원은? 500만 원 투자해 가방과 자동차가 남았다. 내 2억 원은? 그냥 쿨하게 포기할 수 있을까? 하지만 내가 하루에 몇 시간씩 분석해 삼성전자가 본격적으로 상승할 것으로 판단해 투자했다. 그리고 수익은 내가 노력한 만큼 달콤하다.

이렇게 오랫동안 분석하고 노력하고 수익률이 허황되지 않다면 주식시장에서 오랫동안 투자자의 지위를 누려가며 기회를 포착할 수 있다. 주식투자에 왕도는 없다. 장기투자나 분산투자가 정답이 아니듯 10년에 한 번 오는 폭락장에만 들어오는 투자자도 있고 (1997년 IMF 사태, 2008년 서브프라임 모기지 사태, 2020년 코로나 사태. 우연처럼 10년 단위로 왔다) 꾸준히 배당을 받는 사람도 있다. 삼성전자 한 종목만 사고 팔거나 나스닥 선물 동향만 보는 투자자, 차트를 분석해 미래를 예측하는 투자자 등 다양한 방법이 있다. 내게 맞는 스타일을 찾자.

주식투자를 하기 전에 이런 상황을 생각해보길 바란다. 쉽게 '따따블'로 벌 생각에 주식시장에 입문해 도박꾼처럼 주식중독자가 되는 건 아닌가? 처음에 멋 모르고 큰 돈을 딴 사람들이 카지노에 빠져 전 재산을 카지노에 저축하는 것이다. 인출도 못하는 저축만. 상장폐지될 주식에 저축하지 말고 10년 후 지금보다 좋아질 기업을 찾아내 주주가 되자.

해외 주식 직구하기

전혀 어렵지 않다. NH투자증권, 삼성증권, 키움증권, 한국투자증권 등 대형 증권사들은 대부분 해외주식을 사고 팔 수 있고 배당과 환전도 알아서 해준다. 스마트폰에 깔린 증권사 앱의 전체 메뉴나 찾아보기에서 '해외주식'을 선택한다. 여기서는 한국투자증권 앱을 기본으로 한다. 새로운 앱을 깔아야 하거나 기존 앱에서 거래되는 경우도 있다(한국투자증권, 키움증권은 해외 전용 앱, NH투자증권은 기존 앱 사용). 새로 설치하고 평소처럼 작은 글씨의 약관은 읽어보지도 않고 '동의함'을 누르고 또 '동의함'과 '권한 접근 허용'을 계속 눌러준다. 모든 권한과 동의를 마친 후 공인인증서나 간편 로그인으로 접속하면 거래할 수 있다.

사진 출처: 한국투자증권

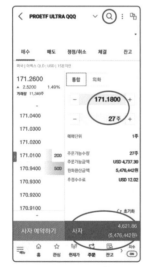

사진 출처: 한국투자증권

한국투자증권은 해외주식 전용앱이 있으므로 스마트폰에 설치하고 공인인증서나 간편 인증으로 로그인하면 다음과 같은 화면이 뜬다. 여기서 해외주식을 누른다.

종목을 검색하고 주문 가격과 주문 수량을 입력하고 사자 버튼을 누르기 전에 한 번 더 확인하자. 한 가지 주의할 점은 주문은 실시간으로 나가지만 보여지는 시세는 항상 15분 지연된 시세이므로 investing.com과 실시간 시세를 비교하면서 주문하거나 사자와 팔자 가격을 시세보다 높거나 낮게 주문해야 체결된다는 것이다. 물론 170.00에 주문을 넣거나 더 낮은 가격에 사자 주문을 넣어도 괜찮다. 주문 당일 가격이 변동하면서 내가 원한 가격이 오지 않으면 체결되지 않고 오면 체결되니까.

나는 사자와 팔자 주문을 할 때 시세보다 높게 사자 주문을 넣고 시세보다 낮게 팔자 주문을 넣는다. 그럼 금방 체결된다. 하루에도 수천억 원이 거래되는 종목은 시세보다 높은 가격에 주문을 넣어도 시세의 ±1 단위에서 체결된다.

🖊 아마존 주식을 3,500달러에 주문을 넣어도 되나요?

아마존이 3,250달러에 MTS에서 보이고 실시간 미국에서 3,260달러에 거래 중인데 내가 3,500달러에 사자 주문을 넣으면 3,259~3,261달러에서 거래될 것이다. MTS에서 보이는 것보다 1~2% 비싸게 주문을 넣어도 실제 체결가는 현재 미국에서 거래되는 팔자 가격에 체결된다. 초당 수십억 원이 거래되므로 내가 1% 비싸게 넣었으니 그 가격에 체결될 거라는 생각은 순진한 생각이다. 그 가격에 애플이나 아마존이 체결되면 전 세계 지수가 요동친다.

애플의 시가총액은 2,400조 원이다. 내가 지금 애플 1억 원어치를 매수한다면 1/2,400만을 보유하는 것이다. 내가 주문하는 가격이 체결가에 영향을 미칠 거라는 귀여운 생각은 일기장에 쓰자.

나는 소위 '말아올리는' 가격을 많이 보았기 때문에 사자는 확신과 결정이 서면 높은 가격에 주문을 넣어 바로 체결되게 하는 스타일이다. 모든 것은 장점과 단점이 있다. 시세보다 한두 틱 낮은 주문은 상승장에서는 급등하는 경우도 많아 체결되지 않을 때도 많다. 팔 때도 마찬가지다. 주당 5원 차이로 못 팔았다가 50원 넘게 손해를 보고 판 이후 사자와 팔자 결정 즉시 주문하는 스타일이다.

나는 거래량이 적은 ETF를 꺼린다. LP 유동성이 적어 현재가를 중심으로 이격이 커 대량으로 사고 팔고 +1%에서, -1%에서 파는 경우가 많아 가능하면 유동성이 좋은 ETF를 선호한다.

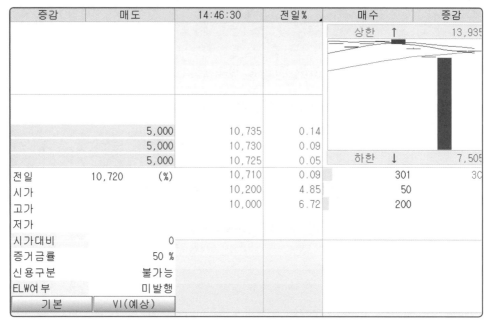

증감	매도	14:46:30	전일%	매수	증감
				상한 ↑	13,935
	5,000	10,735	0.14		
	5,000	10,730	0.09		
	5,000	10,725	0.05	하한 ↓	7,505
전일	10,720 (%)	10,710	0.09	301	30
시가		10,200	4.85	50	
고가		10,000	6.72	200	
저가					
시가대비	0				
증거금률	50 %				
신용구분	불가능				
ELW여부	미발행				
기본	VI(예상)				

사진 출처: 한국투자증권

이런 종목은 내가 1,000주 있어서 오늘 처분해야 하는데 약 -10%를 보아야 하니 아무리

좋아도 처음부터 거래하지 않는 것이 좋겠다.

증감	매도	14:50:50	전일%	매수	증감
	453	15,625	2.28	상한 ↑	25,580
	7,134	15,620	2.31		
	72,570	15,615	2.35		
	63,504	15,610	2.38		
	71,352	15,605	2.41		
	87,066	15,600	2.44		
	153,015	15,595	2.47		
	174,938	15,590	2.50		
	136,530	15,585	2.53		
	117,033	15,580	2.56	하한 ↓	6,400
전일	15,990 (%)	15,575	2.60	112,325	3,007
시가	15,935 -0.34	15,570	2.63	165,966	10
고가	15,985 -0.03	15,565	2.66	158,029	
저가	15,370 -3.88	15,560	2.69	175,515	-10
		15,555	2.72	67,810	

사진 출처: 한국투자증권

KODEX 레버리지는 5원 단위로 10만 주씩 걸려 있다. 이 상태에서 1억 원의 사자 주문을 16,000원에 넣더라도 체결은 15,580원에 6,418주 전량 체결된다. 64,000주(약 10억 원)를 15,550원에 주문넣어도 15,575원에 체결되므로 걱정할 필요가 없다.

다른 스타일로는 하루 종일 주가가 오르내리는 경우, 사자는 15,540원 정도에, 팔자는 15,620원 정도에 매도, 매수를 걸어두어도 체결될 수 있다. 주가가 ±1% 내외에서 계속 움직인다면.

주문 스타일도 자신이 점점 찾아가면 된다. 주식에는 정답이 없으며 무엇이 이익이고 무엇이 손실인지 알게 된다. 15,580원에 64,000주를 매도 주문했는데 1초 후 하락하기 시작해 10분 만에 10% 폭락한 경우, 15,580원에 64,000주 매도에 걸었던 사람은 32만 원(5원×64,000주=32만 원) 아끼려다가 순식간에 1억 원 평가손을 경험하게 된다. 그래서 주식에는 정답이 없는 것이다.

사진 출처: 한국투자증권

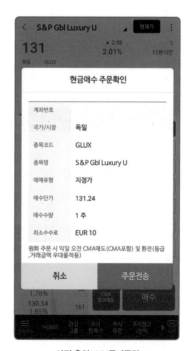

사진 출처: NH투자증권

확인 화면이 한 번 더 뜨고 수수료는 55만 원에 13,000원 정도다(수수료는 종목과 증권사마다 모두 다르다).

NH투자증권을 통해 럭셔리 ETF(프라다, 구찌, 루이뷔통 등 글로벌 럭셔리 주식회사만 집중투자)를 매수할 수도 있다.

사진 출처: NH투자증권

사진 출처: 한국투자증권

NH투자증권을 통해 984만 원을 투자해 럭셔리 ETF에서 2%, 나스닥100×3배에 투자되는 울트라 프로 QQQ에서 3% 수익이 나 총 2.91%, 28만 6,678원의 수익이 났다.

한국투자증권을 통해 약 2,500만 원을 투자해 나스닥100×2~3배의 상품에서 약 54만 원의 수익이 났다.

미국 거래 시간에 아마존닷컴의 주식을 사고 팔 수 있다.

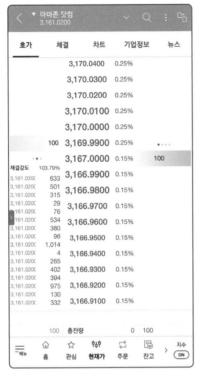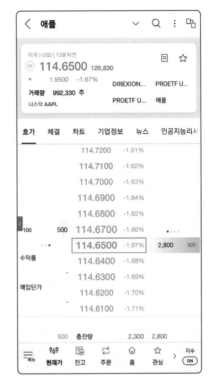

사진 출처: 한국투자증권

전 세계 시가총액 1위 애플도 실시간으로 사고 팔 수 있다. 애플은 1/4 주식분할을 결정했다. 2020년 8월 24일 보유한 계좌에 추가로 3주를 받게 되며 1/4 금액에 결정될 것이다. 거래는 8월 31일부터 가능하다. 기업가치는 변하지 않은 채 주식만 분할되므로 거래량 증가가 기대되고 매월 월급에서 약 10만 원을 저축하듯 1주씩 불입하는 사람도 전 세계에 수만 명 이상 아닐까? 애플과 테슬라(테슬라도 주식분할 결정)는 지금보다 더 많은 자금이 유입될 것으로 기대되어 주식분할 결정 후 10~20% 선반영되어 상승했다.

키움증권(해외주식 전용 앱 설치)

구글 플레이에서 키움증권 해외 주식 전용 앱을 다운로드 한 후에 설치한다.

키움 증권은 개인투자자들이 가장 선호하는 온라인 전용 증권사이다.

사진 출처: 키움증권

NH투자증권

NH투자증권에서는 미국, 중국(선강퉁·후강퉁), 홍콩, 일본, 베트남(호치민, 하노이) 인도네시아, 독일, 영국, 호주 주식을 실시간으로 주문할 수 있다.

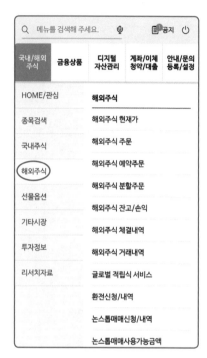 

사진 출처: NH투자증권

미국 나스닥 지수를 직구한다

- QQQ, SPY

전 세계에서 가장 많이 거래되는 ETF 주식이다. QQQ는 나스닥100을 기초로 구성되었고 아마존, 애플, 페이스북, 엔비디아, AMD와 같은 글로벌 기업들로 구성되어 있다. SPY는 S&P500을 기초로 구성되었고 위의 종목들과 비자, 코카콜라, 골드만삭스와 같은 다양한 11개 섹터의 기업들로 구성되어 있다. QQQ는 IT-바이오, SPY는 전체 산업이라고 생각하면 편하다.

나스닥과 S&P 지수와 같이 움직인다고 생각하고 투자하면 되는데 그래도 레버리지(2배)가 거래량이 많으니까. 나스닥도 레버리지 상품이 있다. 3배도 있는데 레버리지는 항상 승수로 변해 깊이 하락하면 0에 가까워지고 한 번 0이 되면 그 뒤로는 상승하지 못할 수 있다는 점만 기억하고 있으면 된다. 물론 나도 ×3에 투자한다. 한국인이니까. 빨리 왕창 벌어 뜨고 싶다는 생각? 3배씩 승수로 한 50~100% 벌고 주식시장을 뜨겠다고? 못 뜰 걸?

상승에 투자

SPY – S&P 500 상승, SSO – S&P 500X2배 상승, UPRO – S&P 500X3배 상승

QQQ – 나스닥100 상승, QLD – 나스닥100X2배 상승, TQQQ – 나스닥100X3배 상승

SPY – SPDR S&P500 – S&P500을 기초로 투자

SSO – ProShares Ultra S&P500X2배

UPRO – ProShares UltraPro S&P500X3배

QQQ – Invesco QQQ Trust – 나스닥100을 기초로 투자

QLD – ProShares Ultra QQQ – 나스닥100X2배

TQQQ – ProShares UltraPro QQQ 나스닥100X3배

하락에 투자

SH – S&P 500 하락, SDS – S&P 500X2배 하락, SPXU – S&P 500X3배 하락

PSQ – 나스닥100 하락, QID – 나스닥100X2배 하락, SQQQ – 나스닥100X3배 하락

SH – ProShares Short S&P500 – S&P500을 기초로 하락에 투자

SDS – ProShares UltraShort S&P500X2배 하락에 투자

SPXU – Direxion Daily S&P500 Bear 3XSharesX3배 하락에 투자

PSQ – ProShares Short QQQ – 나스닥100을 기초로 하락에 투자

QID – ProShares UltraShort QQQ – 나스닥100X2배 하락에 투자

SQQQ –ProShares UltraPro Short QQQ – 나스닥100X3배 하락에 투자

2배는 기본적으로 Pro가 들어간다. 프로만 하라는 말로 받아들이자. 주식은 장기

적으로 우상향이었다. 코스피, S&P, 나스닥, DAX 모두 10~30년 동안 우상향이었다. 따라서 하락 베팅은 가능하면 프로만 하자. ProShares UltraPro(short) – Pro가 두 번 들어가는 X3배는 '찐프로'만 하자. 너무 하고 싶다면 소액만.

Ultra – 울트라는 '울트라맨'을 연상시키는 단어인데 한국인들은 로얄, 골드, 팰리스, 리치 같은 단어들을 좋아한다. '슈퍼 리치(Super Rich)'의 정확한 정의는 UHNW(Ultra High Net Worth)로 좀 생소하다. 익숙한 UHD TV는 'Ultra High Definition'의 약자다. 울트라 상품도 조심해 투자하자.

프로, 울트라, 레버리지X2, X3… → 정말 위험한 투자

위험한 상품들 – 나스닥100 PSQ, QID(2배), SQQQ(3배)

상승에 투자했는데 반대로 나스닥100이 5거래일 연속 -10%를 기록했다고 가정해 보자.(WTI가 60달러에서 -30달러까지 갈 거라고 1년 전에 누가 예측했을까?)

QQQ 100 → 90 → 81 → 72.9 → 65.61 남음

QLD 100 → 80 → 64 → 51.2 → 40.96 남음

TQQQ 100 → 70 → 49 → 34.3 → 24.01 남음

10년 동안 나스닥이 올라 나스닥 하락에 ×3를 투자하는 SQQQ는 2010년 만 달러에서 하락하기 시작해 현재 5달러에 거래되고 있다. -99.99% 손실(실제는 주식 병합). 지금 5달러에 매수하고 세계가 극심한 불황을 10년 동안 지속한다면 5달러가 만 달러가 될 수도 있는 주식이다.

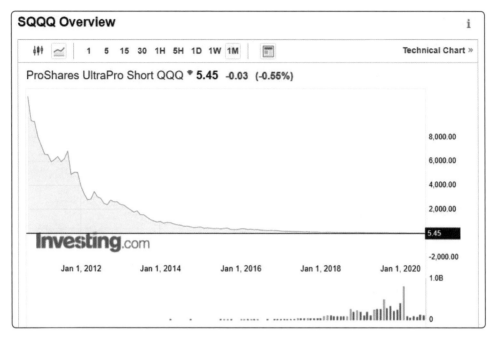

자료 출처: 인베스팅닷컴

나스닥100에 10년 동안 하락에 베팅한 PSQ는 145달러가 17달러가 되었으니 ×2, ×3의 방향성을 잘못 선택하면 엄청난 손실을 볼 수 있다. 웬만하면 SPY, QQQ를 거래하고 SPY는 1년에 약 2%, QQQ는 약 1%의 배당도 계좌로 자동 입금된다. 최대 ×2까지만 거래하라고 권하고 싶다. 당연히 TQQQ, SQQQ를 거래하고 투자할 것을 잘 알고 있다. 배당이나 받으려고 투자하는 것은 아닐 테니까.

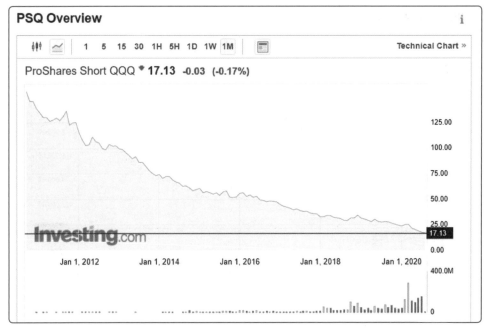

미국 주식의 분할과 합병

미국 주식은 분할과 합병이 자주 일어난다. 너무 낮은 가격이나 너무 높은 가격이 되면 100달러를 기준으로 분할이나 합병을 한다. 애플과 테슬라는 상승에 따라 분할한 경우이고 PSQ, SQQQ는 합병한 경우다. 주식이 10달러가 되면 10주를 합병해 100달러로 만들고 500주를 보유한 사람의 계좌잔고는 50주로 변한다. 450주를 보유했다면 40주만 계좌로 들어오고 나머지는 현금으로 청산해 계좌로 입금해준다.

코스피 지수의 상승과 하락에 투자한다
– KODEX200 vs KODEX 인버스

KODEX200을 매수하면 삼성전자 20%, 하이닉스 10% … 이렇게 자동으로 구성되는 코스피200 지수의 상승에 투자하고 KODEX 인버스는 하락에 투자하는 것이다.

"투자는 단순하지만 쉽지 않다(Investing is simple, but not easy)." – 워런 버핏

지수 관련 ETF 투자는 정말 단순하다. 1분 후, 1시간 후, 1일 후, 1개월 후, 1년 후 상승할지 하락할지만 생각하면 된다. 그런데 이게 쉽지 않다.

미국 남부에 코로나가 급격히 퍼지면서 나는 지수 하락에 강하게 투자했는데 뉴스와 달리 주식은 주식이고 코로나는 코로나라는 것을 깨달았고 인버스에 두 번 투자

하고 겪으면서 큰 손실을 보았다. 그 후로 스텝이 약간 꼬이면서 투자를 안 하고 쉬는 중이다. 남부의 특성과 플로리다 주민들의 성향으로 보아 코로나는 국가적 재난 수준을 넘었는데도 주식시장은 계속 상승했다.

우리나라 코스피도 2,400포인트를 훌쩍 넘어 2,500선을 바라보고 있다. 유동성의

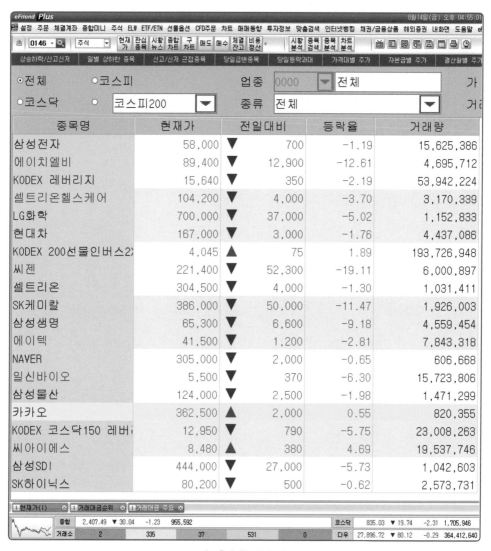

자료 출처: 한국투자증권

힘, 하락 타이밍마다 때맞춰 나오는 백신 개발 뉴스, 주식분할로 인한 추가 상승… 주식투자의 어려움을 다시 한 번 느끼고 있다.

KODEX 레버리지는 KODEX200×2배, 인버스2×는 하락의 2배에 투자하는 상품이다. 물론 나도 레버리지와 인버스2×에 투자한다. 레버리지가 KODEX200의 5배 넘게 거래되니 내가 이상한 것은 아니다.

레버리지와 인버스2× 모두 2020년 5월 거래대금 순위 1, 2위에 각각 랭크되고 종목당 2조 원 이상 거래되었다. 화끈하다. 모두 많이 벌었는지 궁금하다.

나는 에르메스와 루이뷔통 회사에 적금든다

(Luxury ETF)

Hanaro 글로벌 럭셔리 S&P(합성)은 '하나로'에서 알 수 있듯이 농협 계열의 NH투자 증권이 운용하는 상품이다. S&P Global Luxury ETF를 추종하고 있다.

테슬라 15.41%, LVMH(루이뷔통–모엣 헤네시, 셀린, 펜디, 지방시, 디오르, 모엣샹동 외) 8.44%, 케링 (구찌, 부쉐론, 보테가베네타, 알렉산더 맥퀸 외) 5.94%, 리치몬드(까르티에, 반클리프, 샤프하우젠, 삐아제, 몽블 랑, 던힐 외) 4.9%, 나이키 4.64%, 에스더 로데 4.5%, 에르메스 4.45%, 다임러 벤츠 4.45%, 페르노리카(시바스 리갈, 발렌타인, 앱솔루트 등의 주류) 3.6%, 디아지오(조니워커, 기네스 등의 주류) 3.25%

럭셔리 ETF는 해외에서 직접 구입할 수 있고 연간 수익이 2천만 원을 넘지 않으면 하나로 글로벌 럭셔리를 매수, 매도하고 2천만 원이 넘을 것 같다면 독일, 프랑스, 룩셈 부르크에 상장된 Amundi S&P Global Luxury ETF를 매수, 매도하면 된다.

명품 하나 살 돈을 아껴서 Luxury ETF에 투자해보는 것도 나쁘지 않을 것 같다. 코로나가 종식된 후 면세점이 본격적인 상승세를 타고 중국과 한국의 소비 테마가 과 거로 다시 돌아갈 수 있다면 S&P 지수나 코스피보다 높은 수익을 낼 수 있을 것이다.

한국에서 거래되는 ETF, LP가 원활하지 않지만 장기투자로 불입식 소액이라면 큰 문제가 없을 것이다. 5월 중순 설정되어 25% 이상 수익률을 기록하고 있다.

자료 출처: 인베스팅닷컴

프랑스에 상장된 Amundi S&P Global Luxury ETF – C 럭셔리 ETF

CQQQ - Invesco China Technology ETF

중국의 텐센트, 바이두와 같은 대륙의 인구에 투자하고 싶다면 CQQQ와 KWEB 이 답이 될 수 있다.

Top 10 Holdings (59.76% of Total Assets)		Get Quotes for Top Holdings
Name	Symbol	% Assets
Tencent Holdings Ltd	00700	10.33%
Meituan Dianping	03690	8.53%
Baidu Inc ADR	BIDU	7.53%
NetEase Inc ADR	NTES	6.70%
Sunny Optical Technology (Group) Co Ltd	02382	6.19%
GDS Holdings Ltd ADR	GDS	4.33%
Kingdee International Software Group Co Ltd	00268	4.28%
Tencent Music Entertainment Group ADR	TME	4.00%
58.com Inc ADR repr Class A	WUBA	3.96%

자료 출처: 야후 파이낸스 – CQQQ 구성 포트폴리오

KWEB – KraneShares CSI China Internet ETF

알리바바, JD닷컴 등 인터넷 종목 위주로 구성되어 있다.

Top 10 Holdings (58.96% of Total Assets)		Get Quotes for Top Holdings
Name	Symbol	% Assets
Tencent Holdings Ltd	00700	9.18%
Alibaba Group Holding Ltd ADR	BABA	9.07%
Meituan Dianping	03690	7.63%
Pinduoduo Inc ADR	PDD	6.75%
JD.com Inc ADR	JD	6.48%
Bilibili Inc ADR	BILI	4.33%
Alibaba Health Information Technology Ltd	00241	4.15%
TAL Education Group ADR	TAL	3.80%
Baidu Inc ADR	BIDU	3.79%
NetEase Inc ADR	NTES	3.78%

자료 출처: 야후 파이낸스 – KWEB 구성 포트폴리오

애플, 아마존, 스타벅스, 테슬라
– 이말올 여사님 오셨습니다

애플의 주식가치는 약 2조 달러, 우리 돈으로 약 2,400조 원에 달한다. 단순 계산으로 애플을 팔면 우리나라 상장주식 전부를 사고도 남는다. 10년 전 100달러대에 거래되던 주식이 2014년 6월 700달러까지 오르자 7:1로 주식분할해 100달러대로 만들어 주었다. 6년 후 400달러에 가까워지자 4:1로 다시 주식분할해 2020년 9월부터 100달러대에서 다시 거래되기 시작했다. 단순 계산해 4×7=28배 올랐다는 말이다. 투자를 안 할 이유가 없는 주식이다. 지난 10년 동안 28배가 오르고 혁신, 재무구조, 기업 이미지 어느 하나 빠지지 않는다.

'애플 팔아서 뭘 살 건데? 삼성전자? 현대차?' 애플을 팔기 전에 살 종목부터 정하자. 이런 주식은 '곶감 빼먹듯' 계속 이익을 실현해 용돈을 챙겨가도 계속 올라 이익을 주는 종목이다. Pay, Watch, TV 서비스에서 '애플'의 존재감을 본격적으로 주지도 않은 상태다. 전 세계에 이렇게 계속 이익을 주고 앞으로도 이익을 줄 기업은 흔치 않다. 아마존도 주식분할 가능성이 있다. 30:1 정도로 분할해 100달러에 맞추면 이 주식도 5년 후 수백 달러대에 안착해 애플처럼 투자해 본전을 찾아가도 본전 이상 남을 주식이다.

스타벅스는 코로나의 영향을 받았지만 오히려 주문금액이 커졌고 DT(드라이브 스루) 매출이 껑충 뛰었다. 테슬라는 지금 들어가기에는 겁날 만큼 무섭게 올랐다. 애플, 아마존, 스타벅스, 테슬라와 같은 톱브랜드 종목들을 추천하는 것은 이 기업들이 미국 국채, 독일과 스위스 국채, 금과 은 다음의 안전자산으로 불릴 만큼 안전하고 성장성이 높기 때문이다. 투명한 회계와 미국에 본사가 있는 글로벌 기업이므로 전 세계 불안정한 자금이 몰려들고 있다.

최근 인도와 사우디의 UHNW(초고액 자산가)가 개인자금을 SPY, QQQ, QUAL, ENTR에 쏟아붓고 애플, 아마존, 테슬라, 스타벅스 등 자신이 좋아하는 브랜드의 주식을 쓸어담고 있다. 미국 나스닥이 조정없이 계속 올라가고 '이말올 여사'가 나스닥 선물 하락장에 항상 등장하는 것은 전 세계 모든 자금을 빨아들이다 못해 흡입한다는 증거다. 왜? 이렇게 어수선한 시기에 아마존과 애플만큼 코로나의 영향을 피하고 앞으로도 계속 성장할 수 있는 기업이 없기 때문이다.

이머징 마켓 자금이 자국 내에 투자할 회사가 몇 개나 있을까? 러시아, 인도, 사우디, 한국, 카타르 등의 엄청난 자금은 SK하이닉스, 현대차, 삼성전자에도 투자하겠지만 그보다 큰 돈들이 애플과 아마존으로 흘러들어가는 중이다. 엄청난 하락(-2%)의 선물시장을 +2% 상승으로 만들어내는 유동성은 지난 30년 동안 한 번도 경험해보지 못한 '와! 이걸 말아올리네.' 엄청난 유동성을 뜻하는 '이말올 여사 오셨다'라는 신조어다.

이말올 여사(로빈후드, 한국 개인투자자, 아랍과 인도 갑부 등 코로나 이후의 개인 직접 투자자금)가 주로 투자하는 ETF는 SPY, QQQ, QUAL, ENTR, 애플, 아마존, 스타벅스, 테슬라다. 이 ETF에 하루 100조 원이 유입되면 자산 구성별로 배분되고 이것이 다시 지수를 끌어 올리는 현상이 반복되고 있다.

QUAL – iShares Edge MSCI USA Quality Factor ETF

모두 123개 기업에 투자하고 있다. IT-커뮤니케이션 40%, 헬스케어 15%, 소비재 11%, 금융 10% 등 요즘 잘나가는 기업들로만 구성했다. 애플, 페이스북, 코카콜라(필수 소비재), 나이키(온라인 매출 급증), 마이크로소프트, 구글, 디즈니(온라인 사업 확대), 엑손모빌, 인텔, 존슨앤존슨(백신 및 필수 소비재), 화이자(백신 및 필수 의약품), 비자카드(온라인에서도 아직 카드로 많이 결제하므로) 등이다.

ENTR – ERShares Entrepreneur 30 ETF

아마존, 구글, 페이스북, 엔비디아, 넷플릭스, 테슬라, 트위터, 줌비디오, 페덱스(택배) 등 언택트 관련 30개 기업에 집중하고 있다.

로빈후드 – 2013년부터 거래수수료 없는 주식 플랫폼을 운영했는데 2020년 3월 급락장에서 '로빈후드' 앱을 이용해 약 300만 명이 가입했다. 이들은 모두 미국의 밀레니얼과 Z세대의 젊은 소액 투자자였는데 스포츠 도박 사이트 등을 운영한 데이비드 포트노이 등을 추종매매했다. 이것을 추종한 개인들이 트위터, 인스타그램, 페이스북을 통해 자신들의 수익을 공개하면서 팔로워나 조회 수가 수십만 건에 달하면서 개인들의 주식투자가 특정 종목에 쏠리는 현상이 일어나고 후발매매로 손실을 입는 투자자도 많이 생겼다. 미숙한 초보 투자자들은 변동성이 큰 옵션 투자에 실패해 자살하기도 했다.

로빈후드 앱은 2020년 8월 세쿼이아 캐피탈(Sequoia Capital)로부터 2억 8천만 달러, G펀드로부터 2억 달러의 벤처투자를 받으면서 기업가치가 100억 달러를 넘었다.

로빈후드들이 선호하는 회사는 캐탈리스트제약, 보보스제약, 알리바바, 텐센트, 소니, 뉴 레지덴셜투자, 아마존, 펠로튼 인터랙티브, 알파벳 A(구글), 마이크로소프트, GM, 나이키, 페이스북, 우버 등 자신들이 자주 사용하는 앱 관련 회사와 알리바바, 텐센트와 같이 중국 내수를 겨냥한 회사들이 대부분이다.

묻어두고 9년 후에 보자
– 줍줍, 반값 전환우선주

정말 매수해 앱을 지워버리고 10년 후에 꺼내볼 거라면 줍줍, 반값 전환우선주 2개가 있다.

아모레G3우(전환) – 00297K와 CJ4우(전환) – 00104K. 두 주식 모두 전환일은 발행 후 10년이 되는 2029년이다. CJ4우(전환)는 2029년 3월 27일, 아모레G3우는 2029년 12월 14일 보통주로 전환된다.

보통주의 40~50% 시세로 할인되어 거래되고 있어 이 종목들이 상승과 하락이 없다고 계산하면 1년에 최소 5%(9년 동안 50% 디스카운트, 매년 5% 해소 적용)+배당 이익이 되는 주식이다.

배당도 좋다. CJ4우는 액면가 기준으로 2% 우선배당하는데 보통주 배당률이 CJ4우를 초과하면 동일한 비율로 준다. 아모레G3우도 액면가 기준으로 2020년 2.25%,

2021년부터 2%를 우선배당하고 보통주 주당 배당금에 액면가 기준 연 3%(15원) 미만인 경우, 15원을 가산한 금액을 우선배당한다. 즉, 두 주식 모두 최소 100원 이상 보통주와 똑같이 준다는 것이다.

2019년 CJ의 배당금은 1,850원, 2018년은 1,450원, 2017년은 1,450원으로 꾸준히 배당해왔다. 평균 배당금을 1,450원으로 계산하면 현재 주식 시세 6만 원 미만에서는 시가배당률이 약 2.4%이므로 매년 5%+2.4%=7.4%의 수익이 나오는 구조다.

아모레G3우도 2017년 1,280원, 2018년 1,180원, 2019년 1,000원의 보통주 배당을 해왔으므로 크게 변하지 않는다면 시가배당률은 약 2%로 이 주식도 매년 7%의 이익을 보는 구조다.

이렇게 주당 시가배당률이 2% 이상(우리나라에서 시가배당 – 현재 거래가에 매수해도 연간 약 2%의 배당을 받음)인 두 기업이 전환우선주를 발행한 목적은 합법적인 절세를 통한 안정적인 경영권 승계다. 일반적으로 우선주는 보통주의 50%선에서 거래되므로 우선주를 발행해 증여일로부터 10년이 되면 소급 적용 대상에서 제외된다.

경영권을 승계하려는 사람에게는 최고의 선택지가 될 수 있는 것이 바로 전환우선주다. 10년 후 -50%가 되더라도 본전인 주식이다. 만약 CJ와 아모레의 영업실적이 좋아져 CJ와 아모레의 보통주가 3배 상승했다면 전환우선주는 5~6배 상승하는 결과가 된다. 이게 바로 '줍줍'이다. 두 회사 모두 경영권 승계의 포석으로 이 주식들을 발행한 것이지 회사 재무구조에 문제가 있거나 신사업 진출을 위한 것은 아니다.

CJ는 CJ제일제당 주식 44.55%, CJ프레시웨이 47.11%, CJ푸드빌 96.02%, CJ CGV 39.02%, CJ ENM 40.07%, CJ올리브영 55.01%를 소유한 지주회사다. 아모레G도 아모레퍼시픽 37.4%, 이니스프리 81.8%, 에뛰드 80.5%, 오설록농업법인 98.4%, 오설록 100% 등 많은 회사를 소유한 지주회사 겸 화장품사업 회사다.

최근 코로나 때문에 화장품을 안 쓰고 CJ CGV 영화관이 휴업 상태이지만 두 회사 모두 알짜 회사들만 가진 지주회사다. 경영권을 승계해줄 것인데 껍데기 회사가 아니라 알짜 사업으로 구성되고 사내유보금이 두둑한 회사를 만들어주지 않을까?

아모레는 1945년 9월 5일 태평양화학공업사에서 시작되었다. 진정으로 대한민국의 근현대사를 함께 해온 기업이다. 매출 비중은 화장품 86%, 생활용품 14%다. 라네즈, 마몽드, 헤라, 아이오페, 설화수 등 굵직한 브랜드들을 보유하고 있다.

CJ는 1953년 설탕제조업으로 시작해 계열사만 상장사 5개, 코스닥 3개, 국내 비상장 법인 69개, 해외 비상장 법인 380개에 달한다. 주요 사업은 식품 및 식품서비스, 생명공학, 물류 및 신유통, 엔터테인먼트 및 미디어이며 식품은 CJ제일제당과 푸드빌, 프레시웨이, 씨푸드가 핵심이다.

생명공학은 CJ제일제당 생명공학부와 CJ생물자원에서 바이오 관련 사업을 하고 있다. 물류 부분은 CJ대한통운이 앞장서고 그 뒤로 CJ ENM 오쇼핑, CJ올리브영이 방송, 운송, 소매업을 담당하고 있다. 엔터테인먼트는 CJ ENM E&M 부분, CJ CGV, 스튜디오 드래곤이 서비스를 제공하고 있다. 스튜디오 드래곤은 '도깨비', '미스터 선샤인', '사랑의 불시착' 등 여성들이 좋아하는 대부분의 드라마를 만들었다. '아는 와이프'는 일본 후지TV에서 리메이크가 확정되었고 '싸이코지만 괜찮아'는 넷플릭스를 통해 전 세계 190여개 국에 스트리밍되고 있다.

앞으로도 중요한 것은 컨텐츠다. 한국 드라마가 넷플릭스에서 점점 인기를 얻어 K드라마로 하나의 카테고리가 형성된다면 그것은 스튜디오 드래곤과 CJ의 수직상승을 예고하는 것이고 CJ대한통운, CJ제일제당의 주가 상승도 CJ의 주가 상승으로 이어지는 것이다.

이 두 회사가 우리나라의 근현대사를 함께 할 수 있었던 것은 설탕, 밀가루, 치약, 비누, 화장품 등의 필수 소비재를 공급하고 경영을 잘했기 때문이다. 그러므로 앞으로도 타 회사들보다 주가가 탄력을 더 받을 것으로 생각한다.

비정상적인 괴리율이 기회다

우선주는 보통주보다 왜 싸야 할까? 우선주(Preferred Stock)는 '우선하는 주식'이라는 뜻이다. 무엇이 우선할까? 보통주에 비해 배당이나 잔여재산 분배 등 재산적 이익에 대한 우선권이 있는 주식이다. 앞에서 말한 전환우선주도 우선주다. 적자가 누적되어 이번에 배당을 못했다면 다음 배당 때 누적해 배당해주어야 한다. 이때도 보통주에 우선한다. 그리고 회사가 청산이나 해산을 하면 채권자들이 먼저 나눠 가진 후 잔여재산에 대한 우선주주가 먼저 갖게 된다. 그래서 우선(먼저) 주식이다.

그런데 한 가지가 없다. 의결권이다. 주식의 최대 장점인 경영참여권이 없다보니 주식으로 보지 않는 사람들도 있다. 의결권이 중요한가? 우리나라 주주총회에서 반대표를 던지는 펀드매니저가 있었나? 혹시 S증권으로 옮길 가능성도 있는데 S물산 합병에 반대표를 던진다고? 기금운용자들도 마찬가지다. 기금운용사에서 증권사로 옮길 수

179

있는데 자신의 신념대로 S전자에 반대표를 행사한 사람이 있었던가?

우리나라에서 의결권이 중요한 때는 적대적 M&A가 들어와 이슈화될 때뿐이며 이것도 개인투자자들이 강물에 모래 한 알을 던지는 것과 같으므로 아무 의미가 없다. 일부는 우선주를 채권형으로 구분하는데 단지 불필요한 의결권 때문에 50% 이상 반값에 거래되므로 개인투자자들에게는 절호의 기회다. 우선주는 주식이 맞다. 기업의 성장에 따라 등락하므로 채권은 아니다. 채권은 돈을 빌려주는 형태이므로 주식이 맞다.

LG, CJ, SK, GS 등 지주회사가 이미 완성된 경우에도 의결권은 전혀 무의미하다. 지배구조가 이미 완성되어 의결권을 행사할 이유가 없다. LG 지주사가 LG 사업 전반의 구조조정을 하는데 개인투자자 혼자 반대할 명분도 가능성도 없다. 따라서 이런 지주사의 경우, 무조건 우선주를 사야 한다.

미국은 우선주와 보통주의 괴리율이 5~10%에 지나지 않는다. 즉, 의결권의 가치를 약 10%만 인정해주지만 우리나라는 심하면 70%까지 벌어져 있다. 낮은 유동성 때문인데 10억 원 이상 자금을 굴리는 개인투자자가 아니라면 낮은 유동성은 문제가 되지 않으며 오히려 저유동성으로 이익을 볼 때가 많았다.

먼저 최저점에서 최고점까지의 상승률은 한진칼우가 8.28배이고 한진칼은 7배다. 2020년 8월 20일 기준으로 한진칼우는 4.8배 올랐고 한진칼은 4.7배 올랐으니 우선주의 낮은 유동성은 전혀 문제가 되지 않는다.

자료 출처: 네이버

자료 출처: 네이버

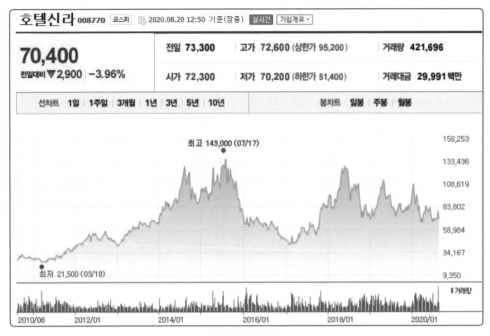

호텔신라 008770 코스피 📊 2020.08.20 12:50 기준(장중) 실시간 기업개요▾

70,400
전일대비 ▼2,900 -3.96%

| 전일 73,300 | 고가 72,600 (상한가 95,200) | 거래량 421,696 |
| 시가 72,300 | 저가 70,200 (하한가 51,400) | 거래대금 29,991 백만 |

선차트 1일 1주일 3개월 1년 3년 5년 10년   봉차트 일봉 주봉 월봉

최고 143,000 (07/17)

최저 21,500 (03/18)

158,253 / 133,436 / 108,619 / 83,802 / 58,984 / 34,167 / 9,350

거래량

2010/08 2012/01 2014/01 2016/01 2018/01 2020/01

자료 출처: 네이버

호텔신라우 008775 코스피 📊 2020.08.20 12:50 기준(장중) 실시간

59,900
전일대비 ▼3,200 -5.07%

| 전일 63,100 | 고가 62,800 (상한가 82,000) | 거래량 36,865 |
| 시가 62,300 | 저가 59,100 (하한가 44,200) | 거래대금 2,234 백만 |

선차트 1일 1주일 3개월 1년 3년 5년 10년   봉차트 일봉 주봉 월봉

최고 167,000 (07/17)

최저 9,810 (08/12)

186,373 / 155,311 / 124,249 / 93,187 / 62,124 / 31,062 / 0

거래량

2010/08 2012/01 2014/01 2016/01 2018/01 2020/01

자료 출처: 네이버

호텔신라도 최고점에서 약 6.6배 수익이 났지만 호텔신라우는 16.8배까지 작전세력과 저유동성으로 인한 가격왜곡으로 엄청난 수익이 났다. 10년 전 괴리율은 약 55%였는데 지금은 15%밖에 안 난다. 즉, 우선주는 괴리율이 크면 괴리율이 좁아지는 구간에서도 수익이 나므로 개인투자자들은 수백억 원씩 투자하지 않는다면 우선주에 투자해 수익을 낼 수 있다. 대규모 자금을 투자한 경우, 우선주의 낮은 유동성 때문에 자금을 회수할 때 불리한 면이 있다.

한진칼은 경영권을 두고 주가가 크게 요동친 케이스다. 우선주는 경영권에 참여할 수 없지만 보통주보다 큰 폭으로 상승, 하락한다. 우선주는 주주총회에 참석할 수 없지만 경영권에 대해서는 같이 움직인다고 정의할 수 있다. 경영권을 빼앗길 것 같다면 상법에 어긋나더라도 자사주나 우선주에 의결권을 주는 임시주총을 열 수도 있다고 임의로 판단한 결과일 것이다. 또 다른 메리트는 작전세력 개입으로 인한 이익이다.

자료 출처: 네이버

자료 출처: 네이버

SK도 호텔신라와 마찬가지로 상승기에 보통주가 3배 올랐지만 우선주는 6배가 올랐다. SK바이오팜의 상장과 여러 가지 이슈로 우선주를 가지고 있으면

1. 배당수익률에서 2배 정도 받고(괴리율이 50%인 경우)
2. 장기적으로 10년에 한두 번 급격한 상승장에서 보통주보다 훨씬 강하게 오를 때가 있다.

결론적으로 우선주는 주주총회에만 참석하지 못하고 모든 면에서 소액투자자와 장기투자자에게 유리하다.

미국의 우선주는 보통주의 80~90% 수준에서 거래되고 있다. 삼성전자만 하더라도 괴리율이 13%이므로 87% 적정 수준에서 거래되고 있다. 삼성전자는 전에 60~70% 수준에서 거래되었는데 미국 헤지펀드들의 공격과 삼성전자 보통주를 보유하든 우선주를 보유하든 유동성에 큰 차이가 없음을 점점 인식하면서 괴리율이 좁아졌다.

2020년 여름을 뜨겁게 달군 LG화학, 삼성SDI, 현대차, LG전자, CJ제일제당 우선주는 왜 40~60%씩 할인되어 거래되어야 하는지, 수십조 원이 들락거리기에는 방안 코끼리처럼 문제가 있지만 개인투자자 입장에서는 손해볼 투자가 전혀 아니다. 정말 운이 좋다면 삼성중공업 우선주처럼 보통주의 100배에 거래될지도 모른다.

2020년 주식시장의 스타는 신풍제약이나 씨젠이지만 상장주식 수 11만 4,845주로 보통주의 200배 가까이 올랐다가 100배에 거래되는 삼성중공업우일지도 모른다(2020년 8월 26일 기준). 삼성중공업 우선주는 웬만한 멘탈이 아니면 견디기 힘든 주식이다.

우선주는 의결권이 없어 대형주와 지주사는 보통주 90% 수준에서 거래되는 것이 합리적이라고 생각한다. 의결권 프리미엄은 10%만 주면 충분하다고 본다. 물론 우선주를 아예 주식으로 보지 않는 의견도 있고 경영권과 의결권의 프리미엄을 50% 이상 주어야 한다는 의견도 많다.

현재 삼성전자와 삼성전자우의 괴리율 수준은 적당하다고 보며 시간이 걸리겠지만 대부분의 지주사와 대형주의 우선주는 긴 호흡에서 보통주의 80% 미만에서 거래될 이유가 없다고 본다. GS, LG, CJ 보통주를 가지고 주주총회에 참석하는 것이 아니라면 배당수익률이 1%라도 높은 주식이 착한 주식이다.

보통주명	현재가	전일대비	거래량	우선주명	현재가	전일대비	거래량	괴리폭	괴리율
두산퓨얼셀	38,700	▼ 2,050	902,312	두산퓨얼셀1우	11,200	▼ 650	123,219	27,500	71.06
아모레퍼시픽	173,500	▲ 8,500	313,635	아모레퍼시픽우	61,300	▼ 2,500	71,806	112,200	64.67
금호석유	104,500	▲ 500	141,108	금호석유우	39,250	▼ 1,550	34,227	65,250	62.44
LG전자	84,900	▲ 100	916,382	LG전자우	32,550	▼ 150	106,313	52,350	61.66
코리아써키트	12,200	▼ 850	442,422	코리아써우	4,855	▼ 445	3,375	7,345	60.20
두산솔루스	40,900	▲ 2,350	474,883	두산솔루스1우	16,750	▼ 950	40,624	24,150	59.05
CJ제일제당	402,500	0	97,655	CJ제일제당우	166,000	▼ 2,500	18,947	236,500	58.76
아모레G	54,500	▼ 2,000	111,557	아모레G우	23,000	▼ 1,250	56,745	31,500	57.80
넥센타이어	5,170	▼ 310	420,380	넥센타이어1우B	2,265	▼ 50	35,602	2,905	56.19
현대차	157,500	▼ 7,000	2,298,907	현대차3우B	70,800	▼ 3,300	45,691	86,700	55.05
삼성전기	126,500	▼ 7,500	615,004	삼성전기우	58,000	▼ 3,400	41,994	68,500	54.15
LG하우시스	54,800	▼ 2,600	53,424	LG하우시스우	25,650	▼ 1,950	9,169	29,150	53.19
대림산업	78,500	▼ 3,800	275,216	대림산업우	37,400	▼ 1,600	8,054	41,100	52.36
SK케미칼	405,500	▼ 6,500	460,611	SK케미칼우	194,500	▼ 12,000	77,786	211,000	52.03
한화	25,250	▼ 700	448,607	한화3우B	12,200	▼ 400	79,715	13,050	51.68
두산퓨얼셀	38,700	▼ 2,050	902,312	두산퓨얼셀2우B	18,750	▼ 950	17,063	19,950	51.55
LG생활건강	1,510,000	▼ 9,000	22,212	LG생활건강우	735,000	▼ 15,000	2,790	775,000	51.32
미래에셋대우	9,040	▼ 230	3,467,263	미래에셋대우2우B	4,440	▼ 165	1,043,379	4,600	50.88
코리아써키트	12,200	▼ 850	442,422	코리아써키트2우B	6,050	▼ 340	2,423	6,150	50.41
현대차	157,500	▼ 7,000	2,298,907	현대차B	78,600	▼ 3,700	211,149	78,900	50.10

자료 출처: 한국투자증권

보통주명	현재가	전일대비	거래량	우선주명	현재가	전일대비	거래량	괴리폭	괴리율
현대차	157,500	▼ 7,000	2,298,907	현대차2우B	80,500	▼ 3,100	109,172	77,000	48.89
하이트진로	39,200	▲ 300	635,768	하이트진로2우B	20,550	▼ 550	3,565	18,650	47.58
CJ	83,100	▼ 3,000	85,942	CJ우	45,100	▼ 1,750	12,024	38,000	45.73
미래에셋대우	9,040	▼ 230	3,467,263	미래에셋대우우	4,910	▼ 210	80,774	4,130	45.69
코오롱인더	32,000	▼ 1,450	168,519	코오롱인더우	17,650	▼ 600	23,168	14,350	44.84
S-Oil	58,700	▼ 1,800	371,134	S-Oil우	33,300	▼ 2,000	29,016	25,400	43.27
BYC	225,500	▼ 7,500	649	BYC우	128,500	▼ 4,000	359	97,000	43.02
삼성SDI	417,500	▼ 17,000	524,505	삼성SDI우	248,000	▼ 13,000	41,411	169,500	40.60
세방	9,780	▼ 270	26,136	세방우	5,900	▼ 120	711	3,880	39.67
대상	28,900	▲ 650	739,180	대상우	17,550	▼ 300	23,085	11,350	39.27
롯데칠성	95,600	▼ 4,100	37,119	롯데칠성우	58,700	▼ 2,100	3,782	36,900	38.60
아모레G	54,600	▼ 1,900	111,647	아모레G3우(전환)	34,200	▼ 1,450	7,229	20,400	37.36
남양유업	270,500	▼ 16,500	4,289	남양유업우	171,000	▼ 16,500	2,182	99,500	36.78
대교	3,965	▲ 10	138,117	대교우B	2,530	▼ 20	45,691	1,435	36.19
대덕전자	10,400	▼ 500	1,388,944	대덕전자1우	6,660	▼ 440	30,456	3,740	35.96
코오롱	19,200	▼ 900	77,579	코오롱우	12,350	▼ 650	5,597	6,850	35.68
LG	80,200	▼ 2,500	238,296	LG우	51,700	▼ 2,200	23,934	28,500	35.54
한진칼	75,600	▼ 4,800	242,868	한진칼우	50,700	▼ 1,800	14,821	24,900	32.94
CJ	83,000	▼ 3,100	87,020	CJ4우(전환)	57,200	▼ 1,900	12,998	25,800	31.08
유안타증권	3,000	▼ 170	568,961	유안타증권우	2,105	▼ 75	108,156	895	29.83

자료 출처: 한국투자증권

아모레퍼시픽은 64% 할인된 가격에 매수할 수 있다. LG전자우는 61% 할인, CJ제일제당은 보통주가 40만 원을 넘었다. 이것도 16만 6천 원에 매수 가능하다. 현대차, 삼성전기, SK케미칼, 대림산업, LG생활건강 모두 반값 미만에서 매수 가능하다.

LG화학우는 반값에 매수할 수 있다. 하이트진로, CJ, S-Oil 등은 말 그대로 '줍줍'이다. 아파트를 반값에 사서 더 수익이 날까? 강남 아파트가 20~30억 원을 넘는데 더 오를 수도 있지만 취득세, 양도세, 보유세 등을 감안하면 지금 LG화학우를 반값에 매수하는 것이 10년 후 '줍줍'으로 더 이득일 것 같다. 배당은 덤이고 괴리율이 좁아지거나 LG화학이 오르거나 둘 다 적용받거나.

LG화학 주총이나 현대차 주총에서 본인이 보유한 100주로 경영에 엄청난 한 표를 행사하겠다면 보통주를 매수하는 것이 맞다. 주총장에 갈 생각이 없고 MTS로 배당을 받고 매매차익을 보겠다면 우선주를 적극 권한다.

2012년부터 2015년까지 내가 주로 투자한 종목은 우선주였다. 2012년 5월 CJ우와 CJ제일제당은 괴리율이 80% 이상이었다. 그런데 내가 매수한 지 약 6개월 후 독일 바이스 펀드(WKOF - Dr. Andrew M. Weiss가 만든 펀드로 Weiss Korea Opportunity Fund)는 한국 우선주가 매우 저평가되어 있음을 알게 되었다. 메릴린치와 에버딘 등 기관투자자 자금 약 2천억 원으로 1년 동안 한국 우선주를 서서히 매수하기 시작했다. 우선주가 주식시장에서 차지하는 비중이 매우 작아 2천억 원의 자금이 유입되자 대부분의 우선주가 급등하기 시작했다. 본주의 시가배당률이 약 1%이고 우선주의 시가배당률은 2~3%여서 주식이 하락하더라도 회사가 부도나 청산이 되지 않으면 금리 수준의 배당을 받을 수 있다는 장점도 있었다.

당시 매수한 LG생활건강우는 약 400% 이상의 수익, 한진칼우는 경영권 분쟁에 따른 이상급등으로 500% 수익, 호텔신라우는 면세점사업으로, 아모레G우는 중국과 동남아 화장품사업 호조로 모두 1,000% 이상의 수익을 낼 수 있었다. 본주가 100% 상승하는 동안 우선주에 대한 인식이 바뀌면서 괴리율이 80%에서 40%로 좁아지는 행운까지 겹쳐 우선주 수익은 600%까지 극대화될 수 있었다.

본주 만 원 → 2만 원(100% 상승)

우선주 2천 원(80%) → 만 2천 원(괴리율이 40%로 좁아져 300% 상승)

총 600% 상승

　우리나라 우량기업의 우선주는 항상 '줍줍'이다. 구글의 알파벳C(GOOG)는 의결권이 없는데 의결권이 있는 A주(GOOGL)와 비교해 같거나 더 비쌀 때도 종종 있다. 구글과 워런 버핏의 버크셔 헤서웨이는 같은 가격에, 삼성전자는 90%에, 호텔신라와 SK는 드디어 우선주가 본주와 같은 가격에 거래되기 시작했다. 50% 할인되어 거래되는 다른 주식들도 시간문제일 뿐이다.

이마트의 '쓱배송'

오프라인 매장사업은 온라인 배송에 달려 있다. 쿠팡, 네이버 쇼핑은 모두 다음날 배송되는데 동네 슈퍼마켓과 이마트 쓱배송만 오전에 주문해 오후에 받을 수 있다. 코로나 이전만 하더라도 주말 오전에 쓱배송을 시키면 오후 5~6시에 받을 수 있었는데 지금은 쓱배송도 상당히 밀린다. 장사가 잘되는 것이다. 저녁에 계란, 우유, 생수가 필요한데 더운날 쿠팡으로 주문해 계란을 내일 받는 것은 바람직하지 않은 것 같다. 배송은 바로 이런 틈새시장을 파고들고 있다.

얼마 전 미국 타깃(Target)의 온라인 매출 195% 증가, 로우스(Lowe's) 135% 증가, 월마트 97% 증가라는 실적 발표가 있었다.

월마트가 아마존 프라임 서비스와 비슷한 구독경제(지속적으로 일정 비용을 내고 프리미엄 서비스를 받는 것. 현대차, 포르쉐, 넷플릭스 등 많은 기업에서 이미 도입 중이다) '월마트+' 서비스를 도입하기로 결정한 2020년 9월 1일 이 무거운 주식이 6.29% 상승했다. 월 약 15,000원에 무료 배송, 휘발유 할인(월마트 주차장 옆에는 주유소가 있는 경우가 많다), 대기없는 결제라인 등 충성고객을 유치하겠다는 것이다. 이마트의 쓱배송처럼 월마트도 주변 주택가에 직접 배달해 온라인 쇼핑몰에 맞서는 것으로 사업 방향 자체를 온라인 쪽으로 바꿔 집중하겠다는 것이다.

루이뷔통, 버버리, 프라다 모두 온라인 쇼핑몰을 만들어 운영 중이다. 전에는 매장에서만 판매하다가 코로나 사태를 계기로 모두 온라인 매장을 열었다. 버버리는 영국에서 직구 형태로 관세까지 버버리가 지불해 배송하고 루이뷔통과 프라다는 한국 온라인 서비스팀에서 매장별 재고를 파악해 보내준다. 일반 택배가 아닌 DHL 계열의 미술품, 고가품 전문 배송업체인 일양택배로 안전하게 배송해준다.

이제는 오프라인 강자들이 온라인을 하나의 툴(Tool – One of them, 여러 가지 방법 중 하나)이 아니라 온라인에만(ONLY ONLINE) 집중하는 모습이다. 그 중 가장 대표적인 우리나라 업체로 이마트의 쓱배송이 있다. 물론 롯데마트와 홈플러스 등도 앱을 다운받아 당일 배송을 신청할 수 있다. 하지만 쓱닷컴으로 사업부가 분리된 이마트를 관심있게 지켜볼 필요가 있다.

SSG.com은 초기 아마존처럼 상단에 모든 계열사를 통합해 고정시켰다.

신세계몰, 이마트몰, 트레이더스, 새벽 배송, TV쇼핑, S.I.Village, 스타필드 등 각 계열사의 모든 상품이 검색되도록 통합했다. 코디 화장지를 검색하니 급하게 필요한 사람들은 당일 가능한 쓱배송, 좀 더 저렴하게 많은 양이 필요한 사람은 트레이더스, 새벽에 필요한 사람은 새벽 배송 등 이마트와 신세계의 통합 검색이 이루어지고 있다.

새벽배송
코디 정말부드러운3겹네이처30M*30롤
13,900원
(10m당:155원)
★★★★★ (8,129개)

#도톰한제품

이마트몰
코디
코디(CODI) 핫 딜
15,500원~
★★★★★ (41,847개)

이마트몰
코디
에코그린 바스티슈 30m×30롤 2팩 (무료배송)
20,855원 ~~21,500원~~
(1m당:12원)
★★★★★ (1,830개)

무료배송
카드할인 7%

#도톰한제품   #톡톡한제품

트레이더스
코디
코디(CODI) 화장지/미용티슈/키친타월/물티슈
10,450원~
★★★★★ (408개)

사진 출처: SSG.com

롯데쇼핑도 여기저기 흩어져 있던 롯데아이몰, 롯데닷컴, 엘롯데 등을 통합한 '롯데온' 플랫폼을 올해 출범시켰다. 롯데쇼핑의 오랜 주주로서 -70%의 하락도 견디고 있기 때문에 잘 되었으면 좋겠다.

각 회사들이 온라인사업부를 별도로 분사시켜 강력한 플랫폼을 만드는 중이고 그 선두에 이마트 SSG.com이 있다.

그나마 이마트가 가장 안정적인 주가 흐름을 보이고 있다.

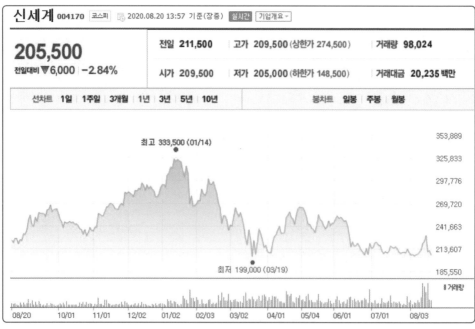

자료 출처: 네이버

롯데쇼핑 023530	코스피		2020.08.20 13:57 기준(장중)	실시간	기업개요 ▾

76,200	전일 **78,000**	고가 **77,900** (상한가 101,000)	거래량 **106,537**
전일대비 ▼1,800 −2.31%	시가 **77,900**	저가 **76,000** (하한가 54,600)	거래대금 **8,171** 백만

선차트 1일 | 1주일 | 3개월 | 1년 | 3년 | 5년 | 10년   봉차트 일봉 | 주봉 | 월봉

최고 144,000 (01/20)

최저 57,800 (03/23)

자료 출처: 네이버

배당
– 복리의 힘

괴리율이 높은 우선주 중 지주사인 CJ, GS, LG, SK, 현대차우 등은 시가배당률이 높다. 2019년 기준으로 CJ우는 4.12%, GS우는 6.79%, LG우는 4.17%, 현대차3우B는 5.71%로 은행 이자와 비교하면 매우 후한 편이다.

맥쿼리인프라는 5%가량 받을 수 있고 신한알파리츠, 롯데리츠 등 부동산 펀드들도 3~5%의 고배당을 하고 있다. 배당수익이 매우 높은 기업이나 상품들이 있는데 안전성을 고려해 대신증권우, 기업은행, 우리금융지주, 동양생명, NH투자증권우, 한전산업, DB금융투자, GS우 등 상위 10개 종목에 투자하면 약 7%의 배당을 받을 수 있다. 당연히 이 종목들로 구성된 ETF도 있다. KOSEF 고배당 104530이다(대신증권, 쌍용양회, 기업은행, 효성, 메리츠증권 등으로 구성).

배당소득세 15.4%를 제외하면 1억 원 투자 시 매년 약 600만 원의 배당을 받는다는 계산이 나온다. 이것을 복리의 힘을 빌려 재투자하면 10년 후 1억 원은 1억 8,500만 원이 된다. 이 계산은 주가가 정체되어 있다는 전제에서 시작되었다.

맥쿼리인프라, 대신증권우, GS우를 10년 동안 보유했다면 GS우에서 50%의 평가이익, 맥쿼리인프라에서 370%, 대신증권우에서는 -10% 평가손실로 평균 3,300만 원씩 투자되었다면 맥쿼리인프라의 평가금액은 1억 2,200만 원, GS우 4,950만 원, 대신증권우 3,000만 원으로 투자금액이 2배로 늘어났다. 배당을 복리로 재투자하고 주식을 보유한 것으로 2억 8,500만 원이 되었으니 엄청나게 성공한 투자다.

2010년 당시 시가총액 1위였던 삼성전자를 제외시키고 2, 3, 4위였던 포스코, 현대차, 신한지주에 같은 방법으로 투자했다면 포스코 51만 원, 현대차 14만 원, 신한지주 5만 원 정도로 현재 가격인 포스코 20만 원, 현대차 14만 원, 신한지주 3만 원으로 계산하면 원금은 6,500만 원 정도로 줄었다. 10년 전 가장 우량한 종목에 장기투자했더라도 결과적으로 배당투자보다 낮은 수익을 본 것이다.

이자 계산기			
적금	**예금**	대출	중도상환수수료

예치금액	100,000,000 원
	1억원

예금기간	년	개월	10 년	연이자율	단리	월복리	7 %

이자과세	일반과세	비과세	세금우대

원금합계	100,000,000 원
세전이자	100,966,138 원
이자과세(15.4%)	- 15,548,785 원
세후 수령액	185,417,352 원

↻ 초기화

사진 출처: 네이버 계산기

그러므로 장기투자와 분산투자가 반드시 정답인 것은 아니다. 물론 배당투자도 정답이 될 수 없지만 현재 은행 이자가 너무 적어 고민하는 투자자라면 꾸준한 배당이나 분배금을 지급하는 종목에의 투자를 적극적으로 고려해야 한다.

스노우볼 효과: 눈덩이를 뭉쳐 굴리면 처음에는 주먹만큼 굴러 눈이 조금만 붙지만 지름이 1m가 되어 한 바퀴를 구르면 처음보다 수십 배가 붙는 원리와 같다. 이처럼 '부익부 빈익빈'은 피할 수 없는 현상이다. 모두 같은 말인데 수익을 복리로 계산하면 부자는 더 부자가 된다.

이자 계산기

적금   **예금**   대출   중도상환수수료

예치금액   **100,000,000 원**

1억원

예금기간 | 년 | 개월 | **50 년**   연이자율 | 단리 | **월복리** | 7 %

이자과세 | **일반과세** | 비과세 | 세금우대

원금합계	100,000,000 원
세전이자	3,178,041,366 원
이자과세(15.4%)	- 489,418,370 원
세후 수령액	2,788,622,996 원

↻ 초기화

사진 출처: 네이버 계산기

10년 재투자 시 1억 8,500만 원, 50년 투자 시 28억 원

50년 동안 7%(실제 우리나라 이자율은 10~35%였다. 지난 50년 동안 평균 대출금리는 약 20%로 계산해야 한다. 한자릿수 이자는 10여 년밖에 되지 않았고 현재의 2~3% 금리는 몇 년 안 되었다) **복리로 계산해 저축하면**

금액이 점점 커지고 대출자는 이자만 원금의 몇 배를 갚아야 하니 부익부 빈익빈 현상은 이자가 존재하는 한, 영원한 숙제다.

사진 출처: 네이버 계산기

배당락

배당에서 감안해야 할 점은 배당락이다. 12월말이 결산일인 대부분 기업의 경우, 12월 31일을 기준으로 주주명부를 폐쇄하므로 주식을 매수하고 대금결제까지 3거래일의 시간이 걸리므로 12월 29일에는 매수해야 12월 31일 삼성전자 주주가 되어 배당을 받을 수 있다. 그럼 12월 30일에 매수하는 사람은 불리하므로 배당락으로 12월 30일 거래는 배당금만큼 낮추어 거래가 시작된다.

날짜 계산도 잘해야 한다. 12월 31일이 월요일이라면 30일 일요일, 29일 토요일, 28일 금요일이 배당락일이므로 27일까지는 매수해야 배당을 받는다. 연말연시에는 크리스마스 휴일까지 정신없으므로 편하게 크리스마스 전에 매수하면 받는다고 알아두자. 배당락일이나 그 전날 크게 요동칠 것 같지만 그렇지 않다. 배당을 원하지 않는 사람이나 법인투자자도 많다. 세상은 넓고 돈은 많지만 우리에게만 부족할 뿐이다.

연봉 10억 원에 배당 10억 원을 받는 사람은 배당락 전에 팔고 배당락일에 매수하기도 한다.

배당 10억 원을 받아도 이듬해 종합소득세 신고 때 금융소득을 합산해 추가로 4억 원을 세금으로 낸다면 배당을 받지 않고 배당락일 하락했을 때 10억 원어치를 매수하는 것이 4억 원 이익이다. 주식에 따라 일주일 만에 배당락 이전 수준을 회복하거나 한두 달에 걸쳐 회복되기도 한다.

배당일이 다가올수록 주식이 오르고 배당락만큼 1/365로 나누어 가치가 더해지는 것은 아니다. 배당은 주식 시세에 큰 영향을 미치지 않는다. 중요한 것은 미래 가치와 실적이다. 이미 알려진 사실과 뉴스가 주식시장의 모든 주식에 녹아 있다고 보면 된다.

사진 출처: 네이버

코스피가 2% 상승인데 맥쿼리인프라와 롯데리츠는 보합이다. 이 주식들은 코스피와 다르게 움직일 때가 많다. 고배당이며 인프라 펀드, 리츠 부동산 펀드이므로 세계 경기의 방향과 무관하게 움직인다. 물론 일반적으로는 비슷하게 움직인다.

손자에게 물려줄 주식
– LG생활건강

한국의 P&G다. 미국이든 한국이든 필수 소비재 주식은 꾸준히 우상향하고 있다. 코로나 때문에 위생용품 매출은 갈수록 늘어날 것이다.

LG생활건강은 우리나라의 생활용품 1위, 화장품 2위, 음료시장 2위의 완벽한 포트폴리오로 구성되어 있다. 아침에 일어나 페리오나 죽염치약으로 치카치카, 머리는 엘라스틴했어요. 민감한 피부에 피지오겔 발라야죠. 휘오 다이아몬드 생수 들고 출근해 점심먹고 다니엘 헤니가 광고하는 조지아 크래프트 커피를 마셨어요. 저녁에 치킨 배달이 왔는데 코카콜라와 같이 먹어야 덜 느끼하죠. 도미나 크림을 바르고 차앤박 CNP 마스크를 붙이고 잠자리에 들어요.

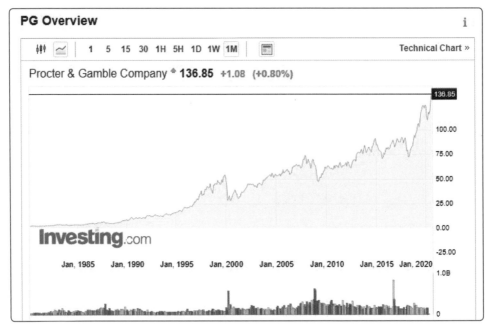

자료 출처: 인베스팅닷컴

자료 출처: 네이버

후, 오휘, 숨37, 이자녹스, 수려한, 더페이스샵, 비욘드, 엘라스틴, 드봉, 샤프란, 홈스타, 한국코카콜라, 미닛메이드, 파워에이드, 썬키스트, 써니텐, 평창수… 모두 LG생활건강 제품이다.

말이 쉬워 인수합병이지 성격이 다른 회사를 인수해 합치는 것은 결코 쉬운 일이 아니다. 한국코카콜라, 다이아몬드 샘물, 더페이스샵(신의 한수), 해태음료, CNP 코스메틱스, 긴자스테파니, 존슨앤존슨 아시아 사업권 일부, 미국 뉴에이본(New Avon) 인수, GSK의 피지오겔 아시아·북미 사업권 인수…

차석용 대표이사가 이끌어온 LG생활건강은 지난 20년 동안 꾸준한 인수합병을 통해 매출과 이익을 극대화시켰다. 그는 말단 사원에서 시작해 16년 동안 LG생활건강을 지휘하고 있다. 창업주의 가족이 아닌 신분으로 유일하게 부회장 직함까지 얻어 그를 믿고 투자하는 투자자가 많다.

일론(엘론) 머스크처럼 톡톡 튀는 스타성은 없지만 뛰어난 실력의 경영자를 믿고 투자하는 회사가 바로 LG생활건강이다. 그래서 타사가 인수합병을 발표하면 승자의 저주인지, 독배를 마셨는지 분석해야 하지만 LG생활건강은 인수합병을 발표하자마자 매수에 들어가면 된다. 믿고 투자하는 것이다.

- 독보적인 시장지배력

- 뛰어난 경영자

- 꾸준히 사용해야 하는 필수 소비재

61분기 연속 성장하고 15년 동안 꾸준히 성장해온 기업이 있을까? 심지어 삼성전자도 영업이익이나 매출액이 들쑥날쑥하고 농심(라면, 과자), 하이트진로(맥주, 소주), KT&G(담배), 강원랜드(카지노)와 같은 독점사업까지도 매출액과 영업이익이 60분기 연속 성장하지 못했는데 그것을 LG생활건강이 해낸 것이다! 코로나 사태, 서브프라임 모기지 사태, 유럽발 금융위기, 미중 무역분쟁, 중국의 사드 배치 보복 모두 의미가 없었다. 이말올(이걸 말아올리네) 여사가 실제로 존재했던 것이다.

아이가 태어나면 곧바로 1,000만 원 증여신고를 하고 증권사 계좌를 통해 'LG생활건강우'를 매수해주자. 20년 후 대학 등록금은 물론 집까지 1,000만 원이 수십 배 올라 해결될지도 모를 주식이다. LG생활건강 우선주는 보통주의 반값이고 배당은 항상 50원을 더 받는다.

보통주 11,000원, 우선주 11,050원 - LG생활건강 보통주 1,563,000원, 우선주 741,000원 - LG 지주회사가 지배하는 회사이고 대표이사가 회사를 워낙 잘 이끌고 있는데 의결권은 의미가 없다. 미국처럼 괴리율이 90%까지 좁아지면 2배로 오를 기회는 항상 열려 있다.

LG생활건강은 2001년 LG화학에서 분할상장된 주식이다. 당시 LG화학은 LG화학, LG, LG생활건강, LG생명과학으로 분할되었다. LG화학은 2001년 2만 원대에서 현재 70만 원대로 약 35배 성장했다. LG생활건강은 1만 원에서 80만 원으로 약 80배 성장했다.

스노우볼 효과를 믿는다면 20년 후 현재보다 100배 더 성장할지도 모른다. 사업효율화를 위해 다시 LG생활건강 화장품, LG생활건강 음료, LG생활건강 소비재로 분할상장할지도 모른다.

기업 인수합병이 반드시 성공으로 이어지는 것은 아니다. 금호아시아나의 대우건설 인수, 현대산업개발의 아시아나항공 인수, 코로나로 인한 항공업계 재편은 앞으로도 험난해보인다.

미국 이베이의 옥션 1,506억 원 인수(2001년), G마켓 5,500억 원(2009년) 인수는 이 책에서 금액을 '억', '조' 단위로 다루다보니 무감각해지는 금액이지만 10년 전, 20년 전 온라인쇼핑 초기 단계에서는 엄청난 금액이었다. 지금은 쿠팡과 네이버쇼핑이 강자로 부상했지만 불과 몇 년 전만 하더라도 옥션과 G마켓이 온라인쇼핑의 90%를 장악했다.

2019년 12월 독일 기업 딜리버리 히어로(요기요 소유)의 배달의 민족 인수 발표가 있었다. 매각 대금은 40억 달러(약 4조 7,500억 원)에 달했다. 엄청난 기업가치를 부여받은 것이다. 물론 10년, 20년 후에는 '당시는 비싸보였지만 이제 와보니 엄청난 황금거위였다'라는 평가를 받겠지만. 그래서 네이버가 시가총액 50조 원, 카카오가 시가총액 30조 원이 넘어도 비싸보이지 않는 것이다.

최근 트럼프 대통령은 중국 바이트댄스의 틱톡과 텐센트의 위챗을 미국에서 퇴출시키는 행정명령에 서명했다. 곧바로 마이크로소프트가 중국의 틱톡(Tik Tok) 인수에 참여한다고 발표한 후 주가는 5% 상승했고 지금은 트위터와 오라클까지 가세했다.

폭락장에서 돈을 쓸어 담는다
- 인버스2×

개인투자자는 기관이나 외국인처럼 공매도를 할 수 없으므로 하락장이 예상되면 KODEX 인버스나 KODEX 인버스2× 상품에 투자하면 된다. 미국은 숏(Short)이 들어가면 모두 하락장에서 이익을 보는 주식들이다.

Short은 '짧다'가 아니라 하락

Long은 '길다'가 아니라 상승

재미난 상품도 개발되었다. 2020년 8월 21일 첫 상장한 KODEX 코스피200 롱 코스닥150 숏 선물(360140)은 코스피가 오르고 코스닥이 내리면 이익을 보는 상품이다. 반대로 코스피가 내리고 코스닥이 오르면 이익을 보는 KODEX 코스닥150 롱 코스피200 숏 선물(360150)도 함께 상장되었다.

삼성전자의 실적이 엄청나게 좋아질 것으로 예상되고 코스닥의 바이오 거품이 터질 것 같다면 코스피200 롱(상승), 코스닥150 숏(하락)에 베팅해 이익을 취한다. 반대로 반도체 상황이 계속 안 좋을 것 같고 바이오 주식들이 본격적으로 수익을 내기 시작했다면 코스닥150 롱(상승), 코스피200 숏(하락)을 매수하면 된다.

최근 증시에서 거래대금 순위 1, 2위는 바로 KODEX 레버리지(지수 상승 시 2배 이익)와 KODEX 인버스2×(지수 하락 시 2배 이익) 상품이다. 코스닥150 레버리지와 코스닥150 인버스도 있다. 코스닥에는 아직 인버스2×가 없다.

종합주가지수가 2,000포인트에서 1,450포인트까지 떨어지는 데는 불과 보름이 걸렸다. 이 기간에 인버스2×의 3월 19일 거래량은 5억 주, 거래대금은 약 7조 원에 달했다. 일평균 지수 등락에 베팅되는 금액은 7~8조 원으로 우리나라 주식시장의 새로운 역사를 쓰게 되었다.

어떻게 표현해야 할까? 하락에 베팅해 이익을 보는 것은 썩 기분 좋은 것은 아니다. 주가가 폭락해 모두 힘들어할 때 혼자 이익을 보기 때문에 마음이 편치 않다. 물론 뛰어난 투자자들은 돈을 차갑게 대하지만 분명한 하락이 예상되지 않는다면 하락 베팅은 조심스럽게 하는 것이 좋다.

사람처럼 기업도 나보다 뛰어난 수천, 수만 명이 모여 일하고 새로운 기술과 서비스를 창조하므로 위기가 오면 잠시 주춤하지만 기본적으로 기업의 성장은 우상향이다. 애플, 테슬라, 삼성전자, 현대차, LG화학, LG생활건강 등 수십 배씩 기업가치가 오른 회사들이 즐비하다.

또 기업들은 자사주 매입, 무상증자, 분할과 같은 주주친화적 정책을 펼 수도 있고 위기가 오면 각국 중앙은행들은 금리를 낮추어 경기를 살리려고 노력한다. 하지만 여전히 하락에 투자하는 것은 매력적이고 일부 헷지도 가능하다.

100만 원 중 삼성전자에 50만 원이 투자된 상태인데 오후 5시 갑자기 DAX지수가 -3% 폭락 중이라면 재빨리 시간외 단일가로 인버스 상품에 50만 원을 투자할 수 있다. 다음 날 코스피가 -3%가 되어 삼성전자가 -3%가 되더라도 인버스가 +3%로 손실분을 모두 만회해준다. 이것이 헷지(Hedge: 대비책)다.

헷지를 이용해 다양한 전략도 펼 수 있다. 미국과 한국 시장의 주가지수가 박스권에 갇혀 지루한 장세가 연출된다면 상승과 하락 모두에 투자해 양쪽에서 이익을 볼 수도 있다. 당연히 양쪽에서 손실을 볼 수도 있다. 이런 전략이 쉬웠다면 모두 돈을 벌었을 것이다.

또 다른 헷지로 총 1억 원의 투자 자금으로 삼성전자에 투자한다면 삼성전자에 8천만 원, 인버스에 2천만 원을 투자한다. 삼성전자만 상승하고 지수가 하락하면 더 큰 이익을 보는 구조이고 삼성전자가 하락해 지수가 하락하더라도 손실을 일부 만회할 수 있다.

그리고 삼성전자가 더 이상 내려갈 수 없는 가격대에 오면 인버스를 매도해 삼성전자를 추가매수하거나 현금을 취하는 전략이다. 삼성전자는 우리나라를 대표하므로 상승은 무한대로 열려 있지만 4~5만 원과 같이 더 이상 하락하지 못하는 규모다.

급락장에서 삼성전자가 3만 원으로 하락하면 다른 98% 종목들은 80~90%가 증발할 것이다. 물론 삼성전자가 상승하고 인버스가 하락해도 삼성전자 비중이 월등히 높아 수익을 볼 수 있다.

사실 이론이나 글로는 매우 쉽지만 이렇게 생각처럼 움직이지 않으므로 하락 헷지는 어떻게 쓰느냐에 따라 주식투자에서 엄청난 무기가 될 수 있다. 반대로 독이 될 수도 있다.

이 차트는 뾰족한 양날의 칼처럼 위험해보인다. 인버스를 잘 다룬다면 하락장에서도 수익을 내는 뛰어난 투자자가 될 수 있다.

청약통장 없이 청약 가능한 IPO만 노린다

안전한 투자자로 주식투자보다는 청약 위주의 부지런한 투자자들이다.

올해 가장 뜨거웠던 주식은 SK바이오팜과 카카오게임즈였다. 청약증거금만 각각 30조 원, 58조 원 넘게 몰렸고 공모가는 49,000원, 경쟁률은 323:1이었다. 1인당 최대 12만 주를 청약할 수 있었고 50% 증거금인 29억 4천만 원을 납입한 사람도 많았다. 카카오게임즈는 SK바이오팜의 수익률이 높다는 점에서 무위험 고수익을 노린 58조 원의 청약증거금이 들어왔다. 경쟁률은 사상 최대인 1,524:1로 마감되었다.

SK바이오팜은 1억 원을 납부하면 약 12주를 배정받았기 때문에 12주×21만 원 매도(7월 6일과 7일 종가 부근에서 매도한 경우)=약 193만 원의 시세차익을 얻을 수 있었다. SK바이오팜 청약에 참여한 사람들은 1년어치 은행 이자 수익을 단 일주일 만에 얻을 수 있었다.

자료 출처: 네이버

　공모주 거래가 개시되면 공모가의 90~200% 이내에서 동시호가 주문을 받아 (8:30~9:00) 시초가가 결정된다. SK바이오팜은 49,000원의 200%인 98,000원에서 시초가가 결정되었고 곧바로 상한가에 진입해 30% 상승한 12만 7,000원에서 거래가 시작되었다. 물론 상한가에 '사자' 주문 수천만 주가 걸려 있었고 거래량은 몇 만 주에 불과해 2~4거래일 연속 상한가가 기대되었다.

　7월 2일부터 3거래일 연속 상한가를 기록했고 7월 7일 최고가 26만 9,500원을 찍고 내려왔다.

날짜	종가	전일비		등락률	거래량	기관	외국인		
						순매매량	순매매량	보유주수	보유율
2020.07.23	186,500	▼ 1,500		-0.80%	572,644	+5,840	+18,263	1,919,189	2.45%
2020.07.22	188,000	▲ 2,500		+1.35%	2,269,779	-8,835	+3,142	1,900,926	2.43%
2020.07.21	185,500	▼ 1,500		-0.80%	564,184	-11,189	-43,777	1,897,784	2.42%
2020.07.20	187,000	▼ 4,000		-2.09%	657,860	+10,030	-37,008	1,941,561	2.48%
2020.07.17	191,000	▲ 7,500		+4.09%	1,109,080	+44,155	-21,886	1,978,569	2.53%
2020.07.16	183,500	▲ 6,500		+3.67%	3,290,169	+3,821	-159,067	2,000,455	2.55%
2020.07.15	177,000	▼ 11,500		-6.10%	1,859,251	+13,774	-155,661	2,159,522	2.76%
2020.07.14	188,500	▼ 10,500		-5.28%	1,389,588	+19,144	-58,683	2,315,183	2.96%
2020.07.13	199,000	▼ 6,500		-3.16%	1,072,716	+5,763	-23,391	2,373,866	3.03%
2020.07.10	205,500	0		0.00%	1,825,361	+26,368	-1,613	2,395,257	3.06%
2020.07.09	205,500	▼ 11,500		-5.30%	1,897,646	+12,321	-72,675	2,396,870	3.06%
2020.07.08	217,000	▲ 500		+0.23%	5,990,009	+284,067	-478,786	2,469,545	3.15%
2020.07.07	216,500	▲ 2,000		+0.93%	10,105,187	+92,472	-915,218	2,948,331	3.76%

자료 출처: 네이버

공모주 청약은 HTS와 MTS에서 모두 가능하다. 특정 증권사에서만 가능한 경우도 있으며 개인별 한도가 있어 부부 명의, 가족 명의로 전문적으로 공모주와 실권주 등 틈새시장을 노리는 사람도 이미 많다. 아직 늦지 않았다. 아파트 분양시장이 90% 이상 실패하지 않듯이 공모주 청약도 90% 이상 최소 공모가 이상에서 거래된다.

기업명	공모가	액면가	청약기간	납일일	환불일	상장/등록일	주간사
에이치엠씨아이비제4호기	2,000	100	2020/07/20 ~ 2020/07/21	2020/07/23	2020/07/23	2020/07/29	현대차증권
엠투아이코퍼레이션	15,600	100	2020/07/16 ~ 2020/07/17	2020/07/21	2020/07/20	2020/07/29	미래에셋대우
더네이쳐홀딩스	46,000	500	2020/07/15 ~ 2020/07/16	2020/07/20	2020/07/20	2020/07/27	한국투자증권
제놀루션	14,000	500	2020/07/14 ~ 2020/07/15	2020/07/17	2020/07/17		신영증권
하나금융16호기업인수목	2,000	100	2020/07/14 ~ 2020/07/15	2020/07/17	2020/07/17	2020/07/23	하나금융투자
티에스아이	10,000	500	2020/07/13 ~ 2020/07/14	2020/07/16	2020/07/16		한국투자증권
솔트룩스	25,000	500	2020/07/13 ~ 2020/07/14	2020/07/16	2020/07/16	2020/07/23	한국투자증권
미래에셋맵스제1호위탁관	5,000	1,000	2020/07/13 ~ 2020/07/15	2020/07/17	2020/07/17	2020/08/05	사:미래에셋대우, 공동:신○
에이프로	21,600	500	2020/07/08 ~ 2020/07/09	2020/07/10	2020/07/10	2020/07/16	NH투자증권
이지스레지던스위탁관리	5,000	1,000	2020/07/08 ~ 2020/07/08	2020/07/10	2020/07/10	2020/08/05	사:삼성증권, 인수기관
아이비케이에스제13호기	2,000	100	2020/07/06 ~ 2020/07/07	2020/07/09	2020/07/09	2020/07/15	IBK투자증권
소마젠 KDR	11,000	0	2020/06/29 ~ 2020/06/30	2020/07/02	2020/07/02	2020/07/13	신한금융투자
신도기연	16,000	500	2020/06/25 ~ 2020/06/26	2020/06/29	2020/06/29		한국투자증권
위더스제약	15,900	200	2020/06/25 ~ 2020/06/26	2020/06/29	2020/06/29	2020/07/03	표주간사 : NH투자증권,삼

사진 출처: 한국투자증권

위더스제약은 공모가가 15,900원이었고 상장 직후 거래량이 터지면서 하락했지만 상장 후 일주일 안에 매도했을 때 160~310%의 수익을 보았다.

2020.07.09	25,850	▼ 50	-0.19%	264,206	-4	0	1,390	0.02%
2020.07.08	25,900	▼ 1,750	-6.33%	427,517	-453	-538	1,390	0.02%
2020.07.07	27,650	▲ 750	+2.79%	784,168	-20	+538	1,928	0.02%
2020.07.06	26,900	▼ 7,500	-21.80%	1,410,779	-2,166	-3,200	1,390	0.02%
2020.07.03	34,400	▲ 2,600	+8.18%	5,433,769	-630,033	-115,000	4,590	0.05%

사진 출처: 네이버

신도기연은 공모가 16,000원으로 상장 직후 하한가로 마감했지만 결코 손실을 보지 않았다.

2020.07.09	21,750	▲ 450	+2.11%	1,349,065	+23,666	+2,000	6,682	0.08%
2020.07.08	21,300	▼ 100	-0.47%	886,971	+12,529	+528	4,682	0.06%
2020.07.07	21,400	▼ 1,000	-4.46%	1,945,501	-18,674	-3,132	4,154	0.05%
2020.07.06	22,400	↓ 9,600	-30.00%	6,236,562	-1,330,110	-122,878	7,286	0.09%

사진 출처: 네이버

소마젠 KDR은 11,000원에 공모가가 책정되었고 150~200%의 수익을 보았다.

2020.07.16	20,450	▲ 50	+0.25%	10,472,823	0	+1,432	0	0.00%
2020.07.15	20,400	▲ 800	+4.08%	22,357,139	-45,214	-87,758	0	0.00%
2020.07.14	19,600	↑ 4,500	+29.80%	3,322,501	-47,327	0	0	0.00%
2020.07.13	15,100	↑ 3,450	+29.61%	20,758,625	-2,348,704	-1,201,242	0	0.00%

사진 출처: 네이버

공모주만 열심히 하자. 전에는 공모가 밑으로 떨어지면 주관사인 해당 증권사에서 시장 조성 명목으로 공모가의 90%에서 사들이는 제도도 있었다. 지금은 그렇게까지

하지 않아도 공모가 밑으로 내려가는 경우가 드물어 저위험 고수익 투자로 공모주 청약이나 IPO 펀드가 큰 인기가 있다.

'공모주 청약=강남 아파트'까지는 아니더라도 서울 아파트 청약 정도로 이해하고 청약하면 된다.

경쟁률도 서울이나 강남 아파트 청약처럼 수십, 수백 대 1로 높다. 경쟁률이 높을수록 일반적으로 수익이 늘어난다. 앞으로 저금리가 계속되면 공모주 시장 참여자는 점점 늘어날 것이다. 빠르게 선점해 상장 직후 어느 시점에서 팔아야 최대 이익을 얻는지 스스로 매도 타이밍을 만들자.

카카오 게임즈와 BTS(방탄소년단)

소문난 잔치에 먹을 게 없었다. 진정한 투자는 꾸준한 공모주 청약이다. 한 숟가락에 배부를 생각보다 계속되는 공모주에 참여한다. 너무 소문난 잔치는 북적거리기만 할 뿐이다.

앞에서 보듯이 카카오 게임즈와 SK바이오팜이 아니더라도 위더스제약, 신도기연, 소마젠 등 올해 공모한 주식들의 수익률은 나쁘지 않았다.

금, 은, 원유(WTI) 상품시장

2020년 8월 금값은 사상 처음 2천 달러를 넘었고 은값은 2020년 저점 대비 3배 상승했다. 워런 버핏 할아버지는 "금 투자는 아무 생산가치가 없어 투자하지 않는다. 그 자체로 돈을 벌기보다 누군가 더 비싸게 사줄 것이라는 믿음 때문에 투자하는 것이다"라고 항상 주장했다. 실제로 금은 배당이 전혀 없어 돈의 가치 하락을 방어하고 귀금속의 성격만 있다.

버핏 할아버지는 은 투자에 대해서는 매우 긍정적이다. 5G와 배터리 등 첨단산업에 전도율이 가장 높은 은이 필수적으로 들어가야 하므로 수요가 있을 것으로 보고 이전부터 JP모건을 통해 대규모 투자를 해오고 있었다. 전도율은 은>구리>금 순으로 높다.

세계 최대 투자회사인 JP모건은 약 10년 전부터 은 실물을 매집해온 것으로 알려져 있다. COMEX 창고에 약 1억 5천만 온스(약 4,300톤) 이상을 보유 중이고 매년 그 양을 늘려가고 있다. 역사적으로 금본위제가 기본이지만 1933년 미국 달러는 사실상 은본위제였던 것을 감안하면 언제가 될지는 모르지만 유통량이나 실물량을 감안하면 금본위제보다 은본위제의 가능성이 없는 것도 아니다.

금과 은의 자연 매장량 비율은 약 1:16이고 지난 100년 동안의 금과 은의 교환비율은 평균 1:55인데 현재는 1:75이니 은이 금보다 비싼 것은 아닐 것이다. 그런데 버핏 할아버지가 금, 정확히 말해 캐나다 최대 광업회사인 배릭골드(Barrick Gold Corp)에 투자한 것이다.

버핏 할아버지가 투자한 이후 패시브 투자 자금이 몰리면서(버핏 추종매수) 주가는 11.63%나 올랐다. 그렇다면 농산물, 금, 은, 원유 등의 상품에 투자해야 할까?

일반인이 상품에 투자하는 것은 다소 투기적인 요소가 있다고 생각한다. 변동성이

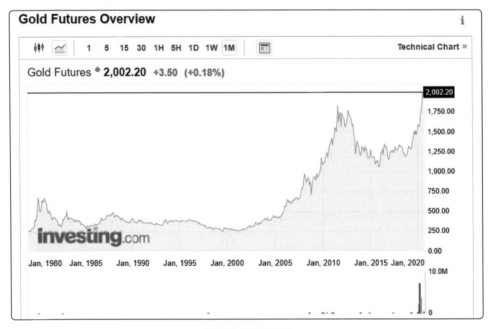

사진 출처: 인베스팅닷컴

너무 크고 우리가 전혀 모르는 분야이므로 장기적 관점에서 금이나 은을 투자 자금의 헷지 형식으로 약 5~10% 적립하는 것은 모르겠지만 대규모 자금 투입은 무모하다고 생각한다.

1990~2003년까지는 변동성이 없었다. 2008년 금융위기 때부터 시세가 분출해 2천 달러 가까이 올랐다가 1,200달러까지 반토막나기도 했다. 최근 코로나 때문에 2천 달러를 다시 돌파했다. 금, 은, 석유에 대한 ETF 투자는 15.4% 원천징수와 함께 연간 수익이 2천만 원을 넘으면 종합소득 과세 대상이 된다.

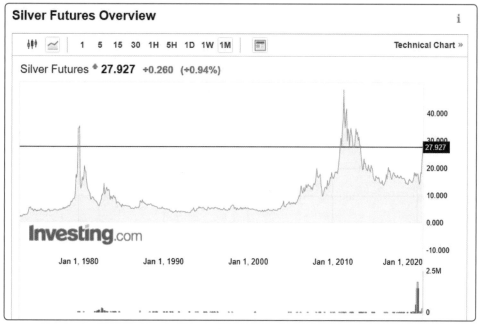

사진 출처: 인베스팅닷컴

은은 금보다 변동성이 훨씬 크다. JP모건이 은 실물을 꾸준히 매집한다는 점이 매력적이다.

215

2020년 8월 15일 버핏 할아버지가 배릭골드의 주식 2,100만 주(약 6,600억 원)에 투자했다고 한다. 골드만삭스, 아메리칸 에어라인, 유나이티드항공을 팔고 금광 주식을 사들인 것은 워런 버핏의 기존 투자기법과 정반대 같지만 금이 아닌 금광회사에 투자한 것을 보면 그의 투자 원칙에서 벗어난 것은 아니다.

7장

추천 미국 ETF

＊＊＊

좋은 주식을 매수해 수익이 나면 자꾸 욕심이 생긴다. 애플을 가지고 있는데 연말 쇼핑 시즌이 다가오면서 아마존이 유망해 보이고 테슬라가 하루에 7%씩 오르는 것을 보면서 '애플 대신 테슬라를 살 걸!'이라고 생각하게 된다. 마이크로소프트의 클라우딩을 살펴보면 이 회사는 무조건 장기투자로 가야 할 것 같다. 유튜브가 너무 강력하고 구글은 그 끝을 알 수 없는 회사이니 알파벳(구글)도 매수하고 싶다.

AMD, 엔비디아, 인텔 중 어느 것을 사야 할지 모르겠다. 인텔은 배당이 많고 AMD의 성장성은 검증되었고 엔비디아는 소프트뱅크에서 ARM과 합병시켜 주식을 받는 이유는 결국 오른다는 말인데 도대체 어느 종목을 사야 할까?

자본이 크다면 애플 10%, 테슬라 10%, 아마존 10%, MS 10%, 알파벳 10%, AMD 10%, 엔비디아 10%, 인텔 10%, 삼성전자 10%, LG화학 10%로 구성하면 된다. 그런데 올해 나이키 실적이 너무 좋고 스타벅스는 DT로 인해 매출이 안정적이고 화이자는 백신 개발을 준비 중이고 페이스북은 사상 최대 실적이고 중국 JD닷컴(JD.com-JD)의 매출이 작년 대비 수십% 성장이라는데… 알리바바는 알리페이가 상장하면 갭 상승은 분명할 것이다. 줌 비디오는 500% 성장. 내년에 코로나가 잡혀 여행수요가 늘면 부킹닷컴(Booking Holdings-BKNG), 익스페디아(MS가 운영하는 여행 전문회사 Expedia.com-EXPE) 이런 모든 종목을 다 사고 싶어진다.

내가 보유한 종목만 안 오르고 나머지 종목들은 크게 오르고 하락할 때도 내가 보유한 종목만 큰 폭으로 하락하는 듯한 느낌을 받을 때가 있다(반대로 내 보유 종목만 오를 때도 있지만). ETF는 다양한 종목으로 구성되므로 지수나 섹터의 움직임만 보면 된다. 좀 더 둔감해지고 '주식 시세의 노예'가 되지 않는 방법이기도 하다. 그래서 ETF를 추천한다.

나스닥과 S&P를 추종하는 QQQ, SPY를 매수하면 이 종목들을 골고루 매수하게 된다. QQQ 100만 원어치를 보유하고 있다면 애플 15만 원, 아마존 10만 원, MS 10만 원, 구글 7만 원, 엔비디아 3만 원, 어도비 2만 원, 페이팔 2만 원을 투자하는 것과 같다.

QQQ, SPY 외에 금융, 식음료, 클린에너지 등 섹터별로 투자하고 싶다면 다음 ETF들이 대안이 될 수 있다. 2020년 10월 8일 기준으로 괴리율 걱정을 할 필요가 없을 만큼 풍부한 거래가 이루어지는 ETF만 선정했다. ETF는 거래하기 전에 반드시 LP(Liquidity Provider: 유동성 공급자)가 유동성을 풍부하게 공급하는지 살펴보아야 한다. 거래량이 적으면 그 괴리율만큼 사고팔 때 손해를 보게 된다.

코로나 이전의 반토막난 금융주 섹터

인베스코 KBWB - Invesco KWB Bank ETF

뱅크 오브 아메리카 - 8.26%. 미국에서 2번째로 큰 지주회사다. 2020년 7월 워런 버핏이 타 은행은 팔고 뱅크 오브 아메리카의 지분은 더 늘렸다.

씨티그룹 - 8.26%. 씨티은행의 지주회사다. 코로나 사태 이전 70~80달러에 거래되던 주식은 현재 44달러 수준에서 거래되고 있다.

JP모건 - 7.97%. 15년째 제이미 다이먼 회장이 이끌고 있으며 금융위기 당시 베어스턴스를 인수했다. 기업 투자은행(IB) 부분을 강화해 시장 비중을 지속적으로 넓혀왔다. 그 밖에 US Bancorp 7.93%, 웰스 파고 7.06% 등 모두 미국 금융회사 주식으로 구성되어 있다.

저금리로 인한 수익성 저조 우려와 코로나로 인한 주택저당과 개인파산 등에 대한 잠재적 우려로 연초 대비 -30% 수준에서 거래되고 있다. 코로나 사태가 금융 부문으로 전이되지 않는다고 가정하면 1~2년 내에 상당히 상승할 수 있다. 배당금(분배금)은 연간 시가 기준으로 약 3.83%다. 세금과 수수료 등을 제외하고 3%로 잡고 100만 원을 투자한다면 배당금으로 1년에 약 3만 원을 받을 수 있다.

YTD(Year to Date) - 연초 누계. 다양한 의미가 있는데 연초 대비 또는 연초 누계 대비로 이해하자.

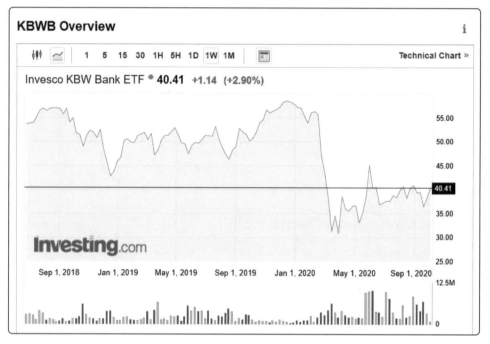

사진 출처: 인베스팅닷컴

스파이더 KBE - SPDR S&P Bank ETF

인베스코 KBWB가 약 20개 초대형 은행 위주로 구성되어 있다면 스파이더의 KBE는 한 종목이 2%를 넘지 않도록 다양한 은행들로 구성해 은행 ETF의 대표성을 갖기도 한다. 배당금과 움직임은 큰 차이가 없다.

스파이더 XLF - Financial Select Sector SPDR Fund

버크셔 해서웨이 15.63%, JP모건 10.86%, BOA 6.8%, 웰스 파고, 씨티그룹, 블랙록, S&P, 골드만삭스, 아멕스, CME 등 보험, 증권, 은행, 투자사 등 다양한 금융회사들로 구성되어 있다.

탈석유는 가능할까?

　정확히 반토막난 종목들은 석유 기반 에너지 주식들이다. 한국과 미국의 주가지수는 코로나 사태 이전 수준을 모두 회복했거나 초과했는데 유독 은행과 에너지 주식만 찬밥 신세다.

XLE – Energy Select Sector SPDR Fund ETF

　연초까지도 60달러 이상에서 거래되던 ETF인데 현재는 30달러 수준에서 거래되고 있다. 최근 5년간 60달러 미만에서 거래된, 손꼽힐 만큼 철저히 반토막난 주식이다. 분배금은 11.25%에 달한다. 물론 기업수익이 악화되거나 부도, 청산되면 분배금은 큰 의미가 없다.

　쉐브론 – 23.31%(시가 배당 7%), 엑손 모빌 21.73%(시가 배당 10%) 두 석유회사가 절반을 차지하고 있다. 나머지는 셰일가스와 채굴업체 등 에너지 관련 회사들이다. Kinder Morgan 4.46%, Schlumberger 4.38%, 코노코필립스 4.35%, 발레로 에너지 3.56% 등이다.

사진 출처: 인베스팅닷컴

XLE와 대립되는 ETF는 ICLN – iShares Global Clean Energy ETF로 이 종목은 1년 동안 100%가 올랐다. 작년에 10달러 수준에서 거래되었는데 신재생 에너지 붐을 타고 21.09달러에 거래되고 있다. 분배율은 0.78%다. Sunrun 7.64%, Plug Power 6.65%, SolarEdge Tech 6.63% 등 클린에너지 관련 기업들로 구성되어 있다.

2020년 11월 미국 대통령 선거와 맞물려 민주당 바이든 후보가 친환경 에너지 투자를 선언한 만큼 탈석유가 가능해 전기, 태양광, 풍력, 지열로 우리 삶이 가능하다고 믿는다면 QCLN – First Trust NASDAQ Clean Edge Green Energy Index Fund와

PBW - Invesco Wilder Hill Clean Energy ETF 두 종목도 추가로 북마크해 두어야 한다.

TAN - Invesco Solar ETF: 단어 그대로 인베스코 태양광 ETF다.

이 ETF 구성 종목을 보면 Sunrun과 테슬라의 비중이 매우 크다. Sunrun은 1년 전 17달러에서 현재는 78달러까지 올랐고 테슬라가 10배나 오른 원인이 이 책 서두에서 언급되었듯이 끝없이 유입되는 ETF 자금임을 알아야 한다. 워런 버핏이 갑자기 클린 에너지에 1조 원을 투자하기로 결정했다면 그 중 천억 원은 테슬라에 자동으로 투자 된다.

반값 석유에 투자하거나 XLE이나 2~10배 올랐지만 더 오를 것 같은 클린에너지에 투자하거나 ICLN 선택에 따른 수익과 손실, 배당에 대한 최종 책임은 모두 선택한 자 의 몫이다.

슈퍼 사이클이 예상되는 식음료 & 필수소비재

PBJ - Invesco Dynamic Food & Beverage ETF

KBE - SPDR S&P Bank ETF

한국과 일본은 음료문화가 매우 발달해 있다. 캔커피, 맥심커피, 박카스, 비타C 등 인도, 중국, 동남아의 엄청난 인구의 콜라와 환타에 대한 애호로 탄산음료 시장의 발전 가능성은 무궁무진하다. PBJ에 속한 치폴레(한국에는 아직 없음, 미국에서 인기있는 멕시칸 레스토랑 체인)를 제외한 주식들은 크래프트 하인즈, 몬델리즈, 브라운 포 맨, 허쉬, 펩시, 코카콜라 등으로 구성되어 있다. 우리나라는 CJ, 대상, 오뚜기 등 우수한 식음료 업체들이 많아 위에서 언급한 회사들의 식료품 시장점유율은 높지 않지만 다른 나라에서는 막강하다. 우리는 오뚜기 케첩을 찾지만 대부분 국가들에서는 하인즈 케첩이 갑이다.

크래프트 하인즈 - 케첩, 카프리 썬, 필라델피아 치즈 등이 우리나라에 들어와 있다.

몬델리즈 - 오레오, 리츠(Ritz), 호올스

브라운 포 맨 - 잭 다니엘, 핀란디아 보드카

허쉬 - m&m, KitKat

펩시 - 펩시, 마운틴 듀, 립톤, 게토레이, 세븐업

코카콜라 - 콜라, 환타, 미닛메이드, 파워에이드, 조지아 커피, 스프라이트, 암바사

감자칩만 하더라도 우리나라에서는 농심의 포테토칩 X 에그 토스트, 오리지날, 육개장 사발면, 김치 사발면, 콘치즈와 같이 엄청난 종류가 생산되지만 산업이 발달되지 않은, 인구가 많은 나라들은 유아식, 커피, 시리얼, 생수, 아이스크림, 콜라, 환타, 케첩, 통조림 등 모든 식음료품을 위에 언급된 기업 제품들로 구입하고 있다.

우리나라는 저출산 추세로 매년 인구가 줄고 있지만 전 세계적으로는 매년 1억 명씩 증가하고 있으며 2060년까지 100억 명을 정점으로 인구가 기하급수적으로 늘 것으로 예상된다. 먹거리에 국한하지 않고 비누, 세제, 휴지, 담배 등 생필품 소비재들을 묶은 ETF는 XLP - Consumer Staples Select Sector SPDR Fund다.

P&G 17.18%, 월마트 9.87%, 펩시 9.75%, 코카콜라 9.61%, 몬델리즈 4.68%, 코스트코 4.62%, 필립 모리스 4.5%, 콜 게이트, 킴벌리 클락 등으로 구성되어 있다. 치약, 비누, 화장품, 휴지, 식음료, 담배부터 마트(월마트, 코스트코)까지 절대로 빠뜨릴 수 없는 종목으로만 구성된 ETF다.

코로나로 인해 '집콕' 수혜주로 우리나라의 CJ제일제당, 농심, 오뚜기, LG생활건강, 이마트 등이 예상보다 견고하게 높은 수익을 냈듯이 글로벌 미국 필수소비재 회사들은 사상 최대 실적을 갈아치우는 중이다. 현재는 1.2% - PBJ, 2.47% - XLP의 배당금을 주고 있지만 전 세계 인구가 100억 명 선까지 늘고 생활수준이 더 향상된다면 LG생활건강이 보여준 견조하고 꾸준한 우상향의 주가상승 예측은 시간과 기다림의 문

제일 뿐이다. 꾸준한 배당, 인플레이션 발생으로 인한 상품가격 상승, 전 세계 인구 증가, 위기 때 오히려 돋보이는 필수 소비재의 특성 등을 감안하면 앞으로 10~20년 이상 내다보고 마음 편히 장기투자로 반드시 담아야 할 ETF다.

인구감소 지역의 애매한 부동산이나 금리 1% 미만으로 국가부채가 급증하는 국가의 통화 보유보다 이익잉여금이 쌓여 2%의 배당을 주는 글로벌 필수 소비재에 저축하는 것이 낫지 않을까?

잘 모르니까 ETF

바이오 주식이나 1, 2, 3상 통과를 전혀 모르는데도 바이오-헬스케어에 투자하고 싶다. 전 세계 인구도 늘지만 고령화도 함께 진행 중이니 의약품이나 바이오가 유망할 것 같은데 셀트리온이나 삼성바이오로직스의 바이오시밀러는 내가 모르는 것이고 코스닥 바이오는 부담스럽다. 마음 편히 화이자, 머크, 암젠, 브리스톨 마이어 등의 유명 회사에 투자하고 싶다.

XLV - Health Care Select Sector SPDR Fund: 화이자, 머크, 암젠, 존슨앤존슨, 브리스톨 마이어 등으로 구성되어 있다. 잘 모르니까 XLV ETF에 투자하는 것이다.

IBB - iShares Nasdaq Biotechnology ETF는 요즘 뜨는 코로나 백신 관련 회사들로 구성되어 있다. 암젠 8.07%, 길리어드 사이언스(Gilead Sciences) 7.77%, 리제네론(Regeneron Pharmaceuticals) 6.56%, 일루미나(Illumina) 5.86%, 바이오젠

(Biogen) 3.42%, 모더나(Moderna) 2.66%로 구성되어 있다. 백신과 치료제에 관심 있다면 IBB를 매수하면 된다.

믿을 만한 펀드매니저가 유전, 게놈, 줄기세포와 같은 분야의 파괴적 혁신기업을 물색해 투자해준다면? 포트폴리오의 일부는 이런 극단적이고 파괴적인 혁신기업에 투자하는 것도 나쁘지 않을 것이다. 단, 투자금의 일부만. 바로 ARKG – ARK Genomic Revolution ETF다. 캐서린 우드(캐시 우드)라는 신뢰할 수 있는 펀드매니저가 우리에게는 너무나 생소한 유전자 혁명에 투자하는 펀드다. 당연히 나는 유전, 게놈, 줄기세포 등의 분야에는 문외한이므로 캐서린 우드만 믿고 투자하는 것이다. 자산의 일부만.

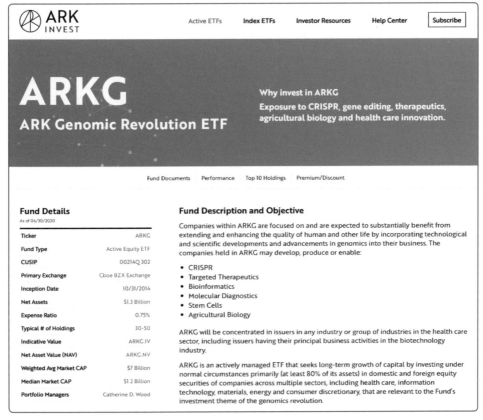

사진 출처: ARK-funds.com

이렇게 지수 추종이 아닌 펀드매니저의 주관이 개입되는 펀드를 액티브 펀드(Active Funds)라고 하는데 ARK 펀드는 모두 액티브 펀드이고 믿고 투자해도 된다. ARKG의 지난 1년간 수익률은 100%가 넘는다. 아니, ARK펀드 대부분이 100%가 넘거나 그 정도다. 로보틱, 차세대 인터넷, 핀테크, 3D프린팅, 이스라엘 혁신 테크놀러지 기업 등 파괴적 혁신기업에 투자하는 것이 ARK펀드다.

신규 상장 미국 주식만
골라 투자하라

한국과 달리 미국의 신규 상장 공모시장은 기관 위주로 배정하므로 우리나라의 카카오 게임즈, SK바이오팜, 빅히트엔터테인먼트에 개인들이 수십 조 원을 투자하는 것은 볼 수 없으니 '따상'도 없고 기관 물량이 출회되면서 하한가로 추락하는 경우도 드물다. 물론 상장하는 날 분위기가 좋으면 따상 비슷하게 +50~100% 수준에서 거래되기도 한다. 미국에는 상한가, 하한가 제도가 없다. 규제가 없어 시장 자율에 따라 정상가격을 스스로 빠르게 찾아간다.

르네상스 IPO - Renaissance IPO ETF는 코드명 그래도 IPO 공모주에 투자하는 펀드다. 5거래일 후 종목을 편입하고 500거래일 후 종목을 제외시키는 방법으로 상장 초기 급등락에 따른 변동성이 완화된 일주일 후 편입하는 전략이다. 2년 동안 거래되었다면 새내기 주라고 볼 수 없으므로 종목을 제외시킨다. 타 ETF보다 새내기 주식 위주로 구성되므로 고위험 고수익은 감수해야 한다.

사진 출처: 인베스팅닷컴

코로나로 인해 폭등한 줌 비디오 10.58%, 전자상거래 중국 신생업체 핀듀오듀오 8.7%, 우버 테크놀러지 8.59%, 백신으로 주목받는 모더나 6% 등으로 구성되어 있다. 최근 1년간 수익률은 80% 이상이다.

IPOS는 미국을 제외한 다른 국가의 신규 새내기 주식들을 편입하는 ETF다.

IPOS - Renaissance International IPO ETF

메이퇀(Meituan Dianping) 10.4%, 소프트뱅크 9.46%, Innovent Biologics 6.95%, Knorr Brense AG Bearer Shares 5.8% 등으로 구성되어 있다.

FPX - First Trust US Equity Opportunities ETF는 유동성과 회사 규모 등을 고려해 구성하는데 페이팔(결제시스템) 6.55%, 테슬라(테슬라는 친환경, IT, 자동차 ETF 등

'약방의 감초'처럼 필수적으로 편입되는 것 같다) 6.32%, Thermo Fisher Scientific 4.96%, 우버 테크놀러지, 도큐사인(DocuSign), 스포티파이(Spotify Technology SA), 일라이 릴리(Eli Lilly) 2.77%, 조에티스(Zoetis), 스냅(Snap) 등 코로나 사태 이후 핫한 종목들이 편입되어 있다.

알아두면 유용한 ETF

EEM – iShares MSCI Emerging Markets ETF – 알리바바, 텐센트, TSMC, 삼성전자 등 일본을 제외한 중국, 대만, 한국의 대표기업들에 투자한다.

EFA – iShares MSCI EAFE ETF – 미국을 제외한 유럽, 아시아, 호주, 일본 등 전 세계의 대표기업들에 투자한다. 네슬레, 노바티스, SAP, 아스트라제네카, 도요타, 루이뷔통 등

EWJ – iShares MSCI Japan ETF – 도요타, 소프트뱅크, 소니, 닌텐도 등 일본의 대표기업들에 투자한다.

FXI – iShares China Large-Cap ETF – 중국의 대표기업 텐센트와 건설은행, 공상은행, 인수보험 등 금융 관련주에 주로 투자하고 있다.

MCHI – iShares MSCI China ETF – 알리바바, 텐센트, 바이두 등 IT 비중이 높으

며 건설은행, 평안보험 등도 포함하고 있다.

GDX – VanEck Vectors Gold Miners ETF – AMEX Gold Miners를 추종하며 금 가격 상승에 따른 금광회사에 투자하는 ETF다. 뉴몬트(Newmont), 배릭골드(Barrick Gold)와 같은 금광회사의 지분투자다.

EZU – iShares MSCI Eurozone ETF – 유럽의 다양한 대표기업인 SAP(소프트웨어), ASML(반도체 장비), LVMH(루이뷔통), Sanofi(의약품), 유니레버(화장품), 토탈(석유), 로레알(화장품), 알리안츠(보험)에 투자한다.

XHB – SPDR S&P Homebuilders ETF – 미국의 교외주택 판매가 급증하고 있다. 월풀(욕조 및 가전), Lennar(주택건설), Trex(데크 및 난간), Lowe(주거개선), Mohawk(바닥재), 홈디포(주택 건축자재)에 투자한다.

GTIP – Goldman Sachs Access Inflation Protected USD Bond ETF – 골드만삭스 인플레이션 방어 채권에 투자한다.

YOLO – AdvisorShares Pure Cannabis – 일명 마리화나 ETF다. 캐나다의 기호용 마리화나 합법화를 계기로 높은 수익률을 기록했던 테마 ETF다. 마리화나 사업 관련 회사에 투자하는 상품으로 생명공학, 제약 등으로 분류되기도 한다.

LIT – Global X Lithium & Battery Tech ETF – LG화학의 물적분할에 화가 난 주주들은 테슬라, 앨버말(Albemarle), LG화학, BYD, 파나소닉 등 전 세계 리튬 밧데리에 골고루 투자하는 효과를 볼 수 있다.

VIXY – ProShares VIX Short-Term Futures ETF – 일명 공포지수, 변동성이 확대될 때 지수하락에 베팅하면 엄청난 레버리지를 일으킨다.

UVXY – ProShares Ultra VIX Short-Term Futures ETF – VIXY X 2배의 변동성

TQQQ(상승), SQQQ(하락), VIXY 등의 변동성에 투자하는 ETF는 가능하면 거래하지 않는 것이 좋다. 너무 투기적인 거래이며 시장 급변에 따른 변동성 확대로 하루 움직임이 ±10% 이상인 경우가 많다. 10년 이상 장기투자가 아니라면 대부분의 ETF들은 SPY, QQQ와 비슷한 움직임을 보인다는 것도 기억해야 한다. 유동성이 좋고 일정한 배당이 있는 ETF에 투자할 것을 권한다.

QQQ의 1년 수익률이 44%인데 TQQQ의 수익률은 X3=132%가 아닌 90%다. PSQ도 -38%인데 SQQQ의 경우는 -114%가 아닌 -84%다(2020년 10월 28일 기준). 변동성은 크지만 장기적으로 보유하면 여러 가지 면에서 손해다. 일 단위로는 3배의 변동성이지만 롤오버 비용과 역복리 효과로 인해 상승과 하락을 계속 반복하는 경우, 0으로 수렴하게 된다. 100일 연속 상승하는 구간, 즉 한쪽으로 계속 진행하면 큰 이익을 보지만 보합 구간에서 상승과 하락을 반복하면 이익이 기대치보다 줄어든다.

2017년에 이미 금융감독원은 초보 투자자들에게 레버리지에 장기투자하지 말라는 '금융 꿀팁'을 지침으로 발표한 바 있다.

맺음말

20년 동안 지금까지 지구상에서 가장 많이 언급된 단어는 IT다.

IT(Information Technology: 정보기술)

정보가 전부다. 정보가 불투명하고 비대칭적으로 얻어졌던 1960~1970년대에는 정보를 선점한 사람이 땅을 사 큰 이익을 보았다. 미국과 소련은 스파이를 이용해 정보를 빼냈다. 어떤 정보를 얼마나 신속히 알아내 분석하느냐에 따라 국가의 존망이 좌우되었다. 정보가 전부다. 2000년 이후로는 정보가 너무 많이 쏟아져나와 그것을 분석, 해석하는 능력에 따라 이익이나 손실을 보는 구조다.

나스닥이 오를지 내릴지에 대해 단순히 PER가 높아 거품이라거나 시가총액이 커서 하락할 것이라는 정보를 해석하고 분석해 내린 결론이 하락이라면 하락에 베팅하겠지만 내년부터 중국의 5G 교체 수요가 시작되고 코로나 팬데믹 이후 스마트폰을 더 많이 사용하면서 나스닥 상위 종목인 아마존, 애플, 페이스북, 마이크로소프트가 상승할 것이라고 분석하면 상승에 베팅하는 것이다.

처음에 코로나가 번지기 시작하면서 나는 친구들과 정보교환을 위해 카카오톡을 더 많이 사용했고 네이버쇼핑으로 택배를 배달시키는 횟수가 급증했다. 모든 것이 불확실한 시대이지만 네이버와 카카오의 트래픽은 오히려 증가할 것으로 예상했고 때마침 미국 아마존이 신규 채용을 대폭 늘린다는 소식으로 IT-커뮤니케이션 업종에 대한 확신이 섰다. 아마존, 네이버, 카카오, 나스닥100 선물 등 오직 IT-커뮤니케이션 업종에만 집중투자했다. 운칠기삼에서 운이 7이었고 기술은 1이었다.

ARK펀드의 캐시 우드(캐서린 우드)는 파괴적인 혁신기업에 투자 중이고 실제로 높은 수익을 내고 있다. 주식투자는 배당, PER, ROE, PBR 등의 데이터로 하는 것이 아니다. 오직 미래를 예측하고 분석해 그런 회사에 투자하는 것도 주식투자의 한 가지 방법이다. 배당을 보고 투자하든, PER와 PBR을 분석해 투자하든, 미래만 보고 혁신적인 회사에 투자하든 모두 당신의 선택이다.

맥킨지 앤드 컴퍼니(McKensey&Company)는 최근 우리 삶을 'Next Normal is Digital'이라고 간단명료하게 정의했다. Digital － Information, Technology, Communication 투자는 아직 유효하다.